W0468796

ABENTEUER: LEBEN

GUIDO ERBRICH (HG.)

ABENTEUER: LEBEN

ZUM SINN DES LEBENS FINDEN

benno

Bibliografische Information Der Deutschen Bibliothek

Die Deutsche Bibliothek verzeichnet diese Publikation
in der Deutschen Nationalbibliografie;
detaillierte bibliografische Inforationen sind im Internet
über http://dnb.ddb.de abrufbar.

ISBN 978-3-7462-2124-3
© St. Benno-Verlag GmbH, Leipzig
Stammerstraße 11, 04159 Leipzig
www.st-benno.de
Umschlag und Gestaltung: Ulrike Vetter, Leipzig,
unter Verwendung zweier Fotos von © KNA-Bild
Gesamtherstellung: Arnold & Domnick, Leipzig

DIE SUCHE BEGINNT

Für eine Schatzsuche braucht man eine Menge wichtiger Dinge: Schatzkarte, Wanderschuhe, Kompass und verlässliche Freunde, mit denen ein Schatz gesucht werden kann. Vermutlich ist der Schatz versteckt, vielleicht liegt er in einer Höhle, eventuell ist er vergraben. Aber was, wenn dann die Neider kommen, die Böses im Schilde führen, um mir den Schatz zu stehlen? Die Bibel hat ein klasse Rezept parat, damit ich meinen Schatz, wenn ich ihn gefunden habe, auch behalten kann. Und sie verrät sogar, wo ich ihn finde:
»Sammelt euch nicht Schätze hier auf der Erde, wo Motte und Wurm sie zerstören und wo Diebe einbrechen und sie stehlen, sondern sammelt euch Schätze im Himmel, wo weder Motte noch Wurm sie zerstören und keine Diebe einbrechen und sie stehlen. Denn wo dein Schatz ist, da ist auch dein Herz.« (Mt 6.19–21)

Auf Schatzsuche gehen, einem Weg folgen, Freunde mitnehmen und alle Abenteuer bestehen. Wer glaubt, um Christus nachzufolgen, reicht ein Platz im Sessel und der sonntägliche Besuch eines Gottesdienstes, der täuscht sich. Die Suche nach Gott ist eine anstrengende Angelegenheit – und wie jedes Abenteuer ist der Ausgang ungewiss.
Dieses Buch möchte Wegbegleiter sein. Es enthält viele Tipps von Menschen, die sich durch die Jahrtausende auf dieses Abenteuer eingelassen haben, und gibt Wegbeschreibungen und Erfahrungsberichte aus der Bibel. Von Frust und Trost, von Glauben und Zweifel wird die Rede sein. Geschichten und Gleichnisse werden erzählt.
In jedem Kapitel findest du Geschichten, Gebete, Zitate, Psalmen und einen Segen. Es ist kein Buch, was du von vorn bis hinten durchlesen musst. Blättere darin herum, stöbere und such das Thema, das du brauchst. Auf Schatzsuche gehen, heißt Mut zum Abenteuer. Zum Abenteuer gehört manchmal auch das Unverständnis der anderen, die dich zurückhalten wollen oder dich müde belächeln.
Wenn du willst, nimm Freunde mit. Such dir deinen Weg und überwinde Widerstände. Vielleicht macht das Buch Mut dazu. Aber losgehen musst du selbst!

INHALTSVERZEICHNIS

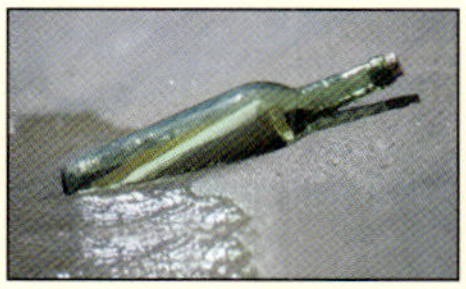

VORGESCHICHTE

Eines Tages rief Gott alle seine Engel zusammen und sagte »Ich möchte mit den Menschen Versteck spielen. Sagt mir, wo ich mich am besten verbergen kann.«
Die Engel berieten. Einige sagten, in der Tiefe des Ozeans, andere auf dem höchsten Berggipfel, wieder andere, auf der erdabgewandten Seite des Mondes und die ganz modernen meinten, am besten auf einem fernen Stern. Doch Gott schüttelte den Kopf. »Früher oder später werden sie mich dort mit all ihren Teleskopen, Unterseebooten und Expeditionen entdecken.«
Nach einer langen Pause meldete sich der Engel Gabriel: »Ich glaube, ich habe einen Ort gefunden. Verbirg dich im menschlichen Herzen. Es ist ganz nah und ganz fern zugleich und es ist mit Sicherheit der letzte Ort, wo sie dich suchen werden.«
Und Gott antwortete: »Ja, genau dass werde ich tun. Sie entdecken mich eher im Meer und in den Tiefen des Weltraumes als in ihrem eigenen Herzen. Aber sollte mich dort wirklich einer suchen, will ich mich auch finden lassen.«

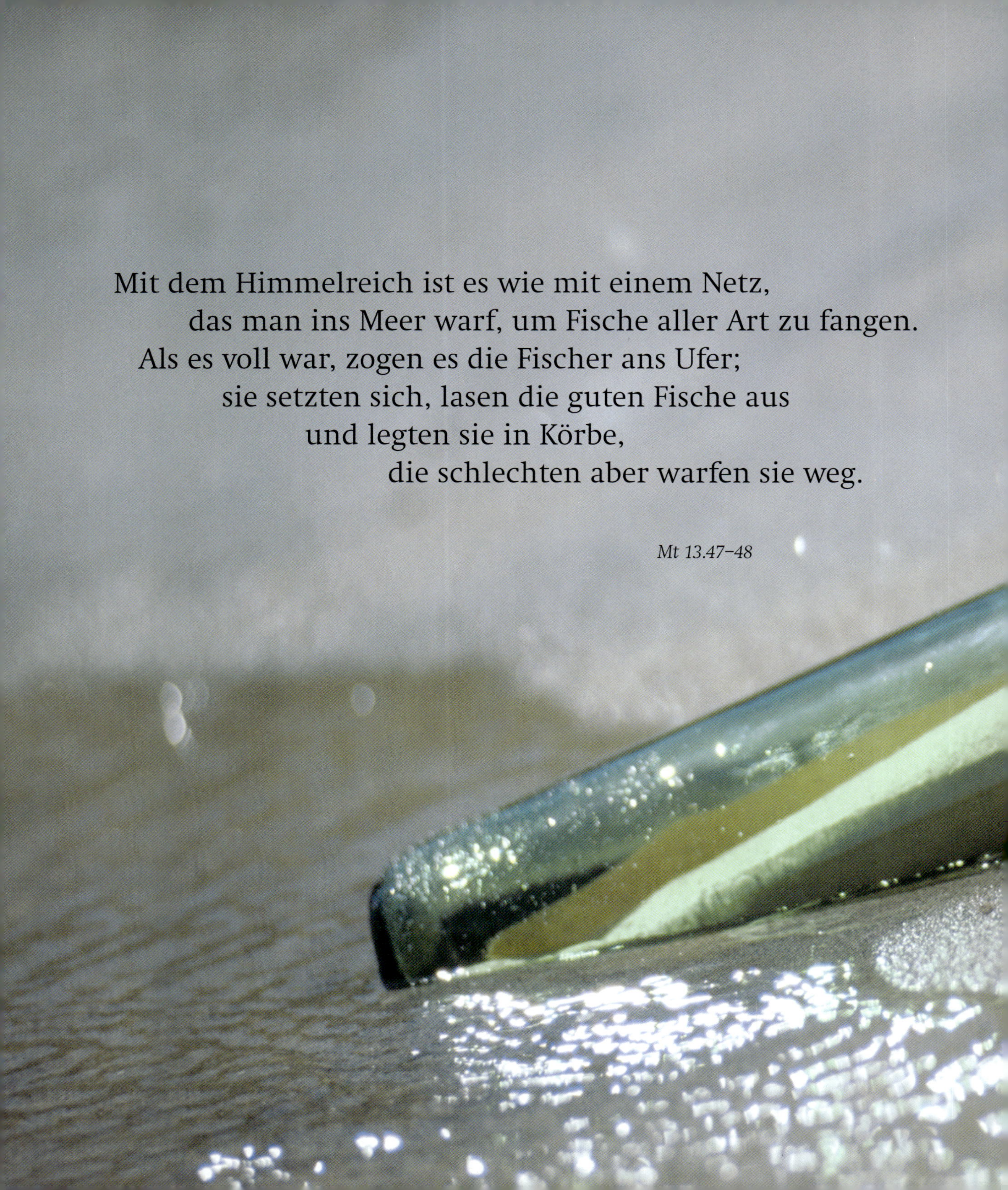

Mit dem Himmelreich ist es wie mit einem Netz,
das man ins Meer warf, um Fische aller Art zu fangen.
Als es voll war, zogen es die Fischer ans Ufer;
sie setzten sich, lasen die guten Fische aus
und legten sie in Körbe,
die schlechten aber warfen sie weg.

Mt 13.47–48

DIE SCHATZKARTE

KOMPASS:

BIBEL UND GESCHICHTEN – WIE VON GOTT REDEN?

Wenn Jesus über den Himmel und über Gott gefragt wurde, antwortete er nicht mit theologischen Beschreibungen. Meistens predigte er nicht einmal. Er erzählte einfach Geschichten und Gleichnisse. Die vom barmherzigen Vater oder die vom Schatz im Acker. Darunter konnten sich die Menschen etwas vorstellen.
Die Botschaft vom Reich Gottes war handgreiflich, sie war für jeden zu verstehen und erstickte nicht in frommen Floskeln. Das machte sie auch so gefährlich. Ein Gott, der für jedermann zu verstehen ist, passt den Herrschenden selten ins Konzept. Ein komplizierter Gott, der nur bestimmte Annäherungen duldet, muss verwaltet werden. Ein Vater, der seinen Kindern die Hände entgegenstreckt, hat direkten Kontakt und macht die Verwalter arbeitslos. Zu ihm können die Kinder Du sagen.
Geschichten von Gott sind auch Gebete. Sie trauen sich zu sagen, wie Gott ist. Deshalb stehen in diesem Buch viele Geschichten von Himmel und Erde. Denn auf der Schatzsuche musst du dich darauf verlassen können, dass du ab und an Direktkontakt hast. Einen heißen Draht zu dem, der dich ruft. Ihn besser kennenzulernen, dazu laden dich Geschichten und Gleichnisse ein. Und die Antwort auf diese Einladung können Gebete sein. Gebete, die in Bildern und Gleichnissen von und mit Gott reden, der unvergleichlich ist und trotzdem wie Bruder und Schwester, Mutter und Vater zu dir ist.

1. GOTT

Mit dem Himmelreich ist es wie mit einem Schatz, der in einem Acker vergraben war. Ein Mann entdeckte ihn, grub ihn aber wieder ein. Und in seiner Freude verkaufte er alles, was er besaß, und kaufte den Acker.

Mt 13.44

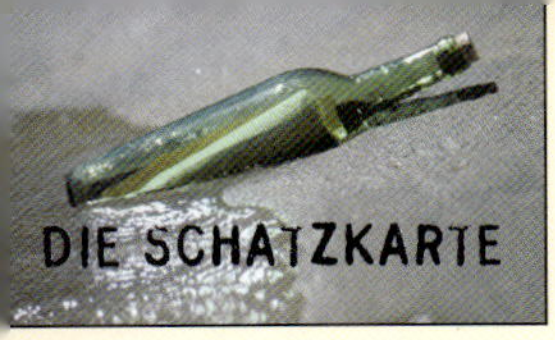

DER KLEINE FISCH SUCHT DEN OZEAN

Ein junger Fisch schwamm in einem Korallenriff und fragte einen anderen Fisch, den er traf: »Entschuldigung, du bist älter und sicher weiser als ich. Sag mir, wo kann ich den großen Ozean finden? Ich habe vergeblich überall danach gesucht.« »Der Ozean«, sagte der ältere Fisch, »ist das, worin du jetzt schwimmst.« »Das? Aber das ist ja nur Wasser. Ich suche den Ozean«, sagte der jüngere Fisch sehr enttäuscht und schwamm davon, um anderswo zu suchen.

RICHTIGE UND FALSCHE WORTE

Wenn ich zu dir bete, fallen mir kaum die richtigen Worte ein.
Dann suche ich und finde die Worte, die Sonntag für Sonntag benutzt werden:
»Großer Gott ich will dich loben,
in deiner großen Güte, hast du die Welt geschaffen.«
Aber mal ehrlich, diese Worte sagen mir recht wenig.
So rede ich nicht. Warum soll ich dir dann solche Floskeln an den Kopf werfen?

Soll ich zu dir reden, wie mit meinen Freunden?
»Du bist klasse, du bist ganz okay, ich mag dich?«
Darf ich so mit dir reden, oder würden mich alle anschauen,
als wäre ich im Kopf nicht ganz richtig?
Kannst du mir vielleicht erklären, warum wir von dir sprechen
als wärst du aus einer anderen Zeit und einem anderen Land?
Als ob du unsere Sprache nicht verstehst?

Weißt du was, ich sag's dir ganz ehrlich:
Für mich bist du manchmal ziemlich daneben.
Dann, wenn ich dich nicht finde und nicht weiß, ob es dich überhaupt gibt.
Und dann bin ich wieder total begeistert von dir.
Ich weiß, du bist neben mir und hältst mich.
Da möchte ich dich am liebsten umarmen
und dir sagen, wie toll es ist, dass es dich gibt.
Amen, dass hebe ich mir für die Kirche auf.
Aber jetzt: Mensch Gott! Ich bin froh, dass es dich gibt!

**Du musst nicht über Meere reisen, musst keine Wolken durchstoßen
und musst nicht die Alpen überqueren. Der Weg, der dir gezeigt wird,
ist nicht weit. Du musst deinem Gott nur bis zu dir selbst entgegengehen.**

Bernhard von Clairvaux

Bernhard von Clairvaux (1090–1153) Abt, Kirchenlehrer und Reformer des Zisterzienserordens, berühmter Prediger mit ungeheurem kirchlichen und politischen Einfluss, der zwei Seiten hatte. Zum einen übte er harte Kritik an den Päpsten seiner Zeit. und geißelte mit scharfen Worten ihr weltliches Machtgehabe. Zum anderen entfachte er mit seinen Predigten in ganz Europa einen Begeisterungsrausch für die Kreuzzüge, bei denen Tausende ums Leben kamen. Was ihn auszeichnete, ist, dass er seine Fehler nicht vertuschte.

Wie dürfen wir mit dir sprechen?
Sollen wir die alten Formeln benutzen,
Texte, seit Jahrhunderten in Gebetsbüchern gedruckt?
Sollen wir mit Worten von Heiligen und Dichtern reden
oder die heiligen Schriften zitieren?
Vielleicht verstehst du ja Latein viel besser?
Oder dürfen wir auch mit den Worten kommen,
die sagen, was unter unsern Nägeln brennt,
die nicht immer ganz druckreif sind,
die »auskotzen« auch sagen, wenn sie es meinen
und »cool«, wenn sie es so finden?
Die mal hip sind und mal down
und niemandem was vormachen wollen?
Fromme Worte, die versuchen ehrlich zu sein
mit dir und mit uns.

**Gott sucht uns häufig,
aber meistens sind wir nicht zu Haus.**

Zulusprichwort (Südafrika)

SIEB, FAHRSTUHL UND SCHLÜSSELGEBET

Vater,
ich rede im Gebet viel von mir
und höre dir nicht zu.
Ungeduldig warte ich auf die Erfüllung
meiner Wünsche
und habe keine Augen für all das,
was du mir an Gaben geschenkt hast.

Hast du nicht ein Sieb für meine Gebete, Vater?
Damit alle Bitten und Wünsche hängen bleiben,
die mit ein wenig Anstrengung
auch von mir selbst erfüllt werden könnten?

Lass dieses Sieb durchlässig sein,
wenn ich dich wirklich brauche,
wenn ich es nicht mehr aushalte.
Wenn ich anderen helfen will
und nicht weiß wie,
dann mache es durchlässig.

Lass nicht zu, dass ich dich nur
als Wunschzettelempfänger missbrauche,
wenn ich für die Hungernden bete,
schenke mir die Bereitschaft,
mit ihnen zu teilen.
Wenn ich für Kranke bete,
lass mich Zeit finden,
mich an ihr Bett zu setzen.
Wenn ich für den Frieden bete,
nimm von mir Zorn und Hass.

Könnten meine Gebete nicht
ein Fahrstuhl sein,
der mich zu dir emporträgt,
der alle finsteren Gedanken,
alle Bosheit und alles Falsche
zurücklässt und mich
dort ankommen lässt,
wo ich die verändernde Kraft der Liebe
selbst sein kann?

Dann werden meine Gebete
zu einer Umarmung,
die dich umfängt und
dir ein Dankeschön entgegenschmettert,
das sich gewaschen hat.
Dann werde ich die Welt
nicht nur durch meine Brille sehen,
sondern mit neuen Augen
deine Schöpfung schauen.

Dann werde ich merken,
dass du mir so vieles geschenkt hast,
dass ich damit beginnen kann,
diese Welt ein wenig besser zu machen
als sie ist.
Ich brauche nur den Schlüssel,
der dieses Tor öffnet.

Lass mich diesen Schlüssel finden,
dass ich beim Beten nicht nur dich,
sondern auch mich fordere.
Und mich in deiner Hand geborgen weiß.
Mit diesem Schlüssel
kann ich das Tor mit dir öffnen.

Und warte nicht,
von mir aus können wir anfangen!

> Niemand unter den Sterblichen ist so groß,
> dass er nicht in ein Gebet eingeschlossen werden könnte.
>
> Bertolt Brecht

GOTT SCHENKT LEBEN UND KREATIVITÄT

Musik ist Farbe nach Noten.
Ich kann sie hören, kann sie sehen,
kann sie fühlen tief in mir.
Musik ist Farbe nach Noten.
Gott malt mein Leben mit ihr.

Wenn ich morgens erwach, hör ich ein Lied in mir.
Es begleitet mich durch den Tag.
In mir singt die Stimme meines Herzens
in allen Farben, die es geben mag.

Es gibt Tage, da ist alles grau nur und leer,
dann ist in mir alles ganz still.
Ich sehn' mich nach einem, der Farbe bringt
und mein Herz ein neues Lied lehren will.

Ob ich sing oder tanze, mein Leben ist bunt
und Gott gibt den Takt dazu an.
Aus vielen Tönen erschafft er ein Lied.
Malt mit mir Bilder, dass ich leben kann.

Sabine Bley

GEBET DES NASHORNS

**Lieber Gott, Du bist der Boss,
Amen! Dein Rhinozeros**

Harry Rowohlt

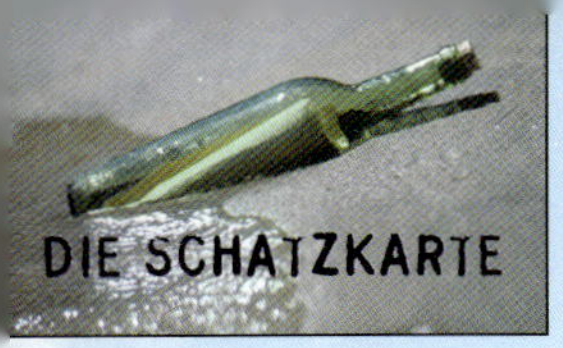

GLAUBENSBEKENNTNIS

Ich glaube an Gott, den Allmächtigen,
der Himmel und Erde geschaffen hat
und die Welt erhalten will
gegen die Unvernunft und allen Größenwahn.
Ich glaube an den schöpferischen Geist
und die Kraft unserer Gemeinschaft,
die Leben schafft und Leben schützt,
die aufsteht gegen tödliche Bedrohung und lähmende Ohnmacht.
Und an Jesus Christus, unseren Bruder und Gottessohn,
der den Himmel erdet
und die Erde mit dem Himmel verbindet,
der gelitten hat unter unserer Schwachheit,
der gekreuzigt wurde von unserem fehlenden Vertrauen
und gestorben ist an unserer lähmenden Angst,
begraben unter unserer Gleichgültigkeit,
hinabgestiegen in das Reich der Mächtigen,
der unter uns aufsteht
mit jeder neuen Hoffnung,
mit jedem Tropfen guten Wassers,
mit jedem Atemzug gesunder Luft,
mit jeder Blume, die den Kopf nicht hängen lässt.
Und er wird unterscheiden zwischen denen,
die den Tod betreiben und denen,
die für das Leben einstehen.

Uwe Seidel

**In unserem Inneren sind Schätze versteckt.
Wir brauchen ein Leben lang, um sie zu heben.**

Willigis Jäger

VERSTECKSPIEL

Gott,
komm wir lassen
heute mal das Versteckspielen.

Zeig dich so wie du bist.

Ich will es auch tun.
Versprochen ist versprochen!

Peter Schott

**Der Spaß und das Geheimnisvolle am Leben
beruhen unter anderem darauf,
dass man nichts Genaues weiß,
auch wenn man überall auf Hinweise stößt.
Ein Gewissensbiss ist ein Blick auf Gott.**

Peter Ustinov

GOTT IST DER GANZ ANDERE

Gott, du entziehst dich unserem Zugriff.
Manchmal sind wir uns zu sicher:
Aktiv, bestimmt, Jesus neben uns ...
Doch deine Größe möchte ich ahnen.

Führe mich ein in deine Weite.
Du bist keiner, der verfügbar ist.
Du verfügst über uns,
und manchmal können wir
nicht hinter dein Tun schauen.

So forderst du unser Vertrauen heraus.
Guter Gott, wie ein Vater und eine Mutter,
führe mich zur Ahnung deiner Größe und Güte.
Bewahre mich davor zu meinen,
ich wüsste genau, wer und wie du bist.
Führe mich in tieferes Vertrauen zu dir.

Lass uns miteinander ins Gespräch kommen
über dich, über unsere Erfahrungen mit dir
und mit Jesus, deinem Sohn.
Amen.

Thomas Hajek

Gott wäre etwas gar Erbärmliches,
wenn er sich in einem Menschenkopf begreifen ließe.
Christian Morgenstern

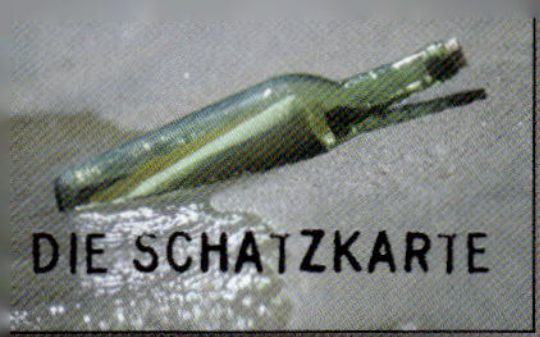

HERR, HÖRE MEINE WORTE

Vater, öffne deine Ohren und höre mir zu.
Ich möchte dir was sagen –
    was heißt sagen,
    schreien will ich, damit auch alles ankommt bei dir.
Du bist doch kein tauber Gott,
der nicht merkt, welches Spiel gespielt wird.
    Wenn einer heuchelt und giftet –
    du merkst es, selbst wenn er es als Gebet verkauft.
Die Betrüger und Lügner lässt du in ihren selbstgelegten
Fallstricken baumeln.
    Mir aber zeigst du den Ort, wo du dich finden lässt.
Hilf mir dabei, so zu leben, wie du es von mir wünschst.
    Mache mich stark gegenüber allen,
    die über dich und mich lachen.
Die den lieben Gott einen guten Mann sein lassen
und deine Geschöpfe mit Füßen treten.
    Sie reden mit dem eisigen Atem der Verachtung.
    Aus ihren Augen schaut Gier, die nur eigene Interessen kennt
    und über Leichen geht.
Nimm du ihnen ihre Macht und ihre Beziehungen.
Zerstöre ihre dunklen Kanäle,
    damit sie mit all ihrem Zusammengerafften verschwinden und
    deine Schöpfung nicht mehr unter ihnen leiden muss.
Dafür schenke Freude und Zuversicht all denen,
die anderen das Leben schöner machen,
    den Weltverbesserern und Träumern,
    denen, die Singen, und denen,
    die fünfe auch mal grade sein lassen.
Froh sollen sie sein, weil sie zu dir gehören.
    Segne sie und breite deine liebenden Arme über sie aus.
Sie stehen unter deinem Schutz
wie ein Kind in den Armen seiner Mutter.

nach Psalm 5

Psalm 63

MEINE SEELE DÜRSTET NACH DIR

EIN PSALM DAVIDS, ALS ER IN DER WÜSTE JUDA WAR

Gott, du bist mein Gott, dich suche ich,
meine Seele dürstet nach dir.
Nach dir schmachtet mein Leib
wie dürres, lechzendes Land ohne Wasser.
Darum halte ich Ausschau nach dir im Heiligtum,
um deine Macht und Herrlichkeit zu sehen.
Denn deine Huld ist besser als das Leben;
darum preisen dich meine Lippen.
Ich will dich rühmen mein Leben lang,
in deinem Namen die Hände erheben.
Wie an Fett und Mark wird satt meine Seele,
mit jubelnden Lippen soll mein Mund dich preisen.
Ich denke an dich auf nächtlichem Lager,
und sinne über dich nach, wenn ich wache.
Ja, du wurdest meine Hilfe;
jubel kann ich im Schatten deiner Flügel.
Meine Seele hängt an dir;
deine rechte Hand hält mich fest.
Viele trachten mir ohne Grund nach dem Leben,
aber sie müssen hinabfahren in die Tiefen der Erde.
Man gibt sie der Gewalt des Schwertes preis,
sie werden eine Beute der Schakale.
Der König aber freue sich an Gott.
Wer bei ihm schwört, darf sich rühmen.
Doch allen Lügnern wird der Mund verschlossen

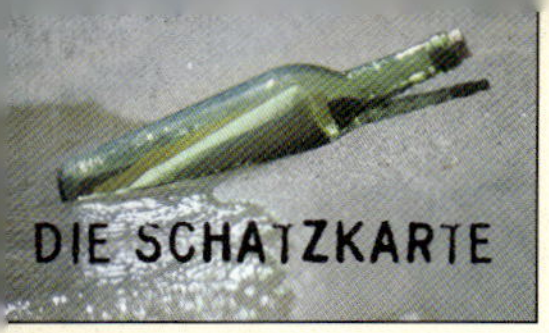

DIE BOTSCHAFT

Es war einmal eine fromme, gläubige Frau. Sie liebte Gott, und jeden Morgen machte sie sich auf den Weg in die Kirche. Auf ihrem Weg riefen Kinder ihr zu, sprachen Bettler sie an, wollten Fremde den Weg wissen. Doch sie war tief in sich versunken und merkte nichts von alledem.
Eines Tages ging sie wieder die Straße hinunter zum Gottesdienst. An der Kirche angelangt, wollte sie eintreten, doch die Tür ließ sich nicht öffnen. Sie drückte und presste, sie versuchte es heftig und fand sogar eine Nadel, mit der sie versuchte, das Schloss aufzubrechen. Der Gedanke, dass sie den Gottesdienst vor der Tür verpassen würde, machte ihr Angst. Verzweifelt blickte sie auf und da sah sie genau über dem Schloss einen Zettel hängen. Darauf stand in großen Lettern: »Ich bin hier draußen!«

SEGEN

Es wachse in dir der Mut,
dich einzulassen
auf dieses Leben
mit all seinen Widersprüchen,
mit all seiner Unvollkommenheit,
dass du beides vermagst:
kämpfen und geschehen lassen,
ausharren und aufbrechen,
nehmen und entbehren

Es wachse dir der Mut,
dich liebevoll wahrzunehmen,
dich einzulassen
auf andere Menschen
und ihnen teilzugeben
an dem, was du bist und hast.

Sei gesegnet, du,
und mit dir die Menschen,
die zu dir gehören,
dass ihr
inmitten dieser unbegreiflichen Welt
den Reichtum des Lebens erfahrt.

Antje Sabine Naegeli

2. WELT

Selig, die arm sind vor Gott;
denn ihnen gehört das Himmelreich.
Selig die Trauernden;
denn sie werden getröstet werden.
Selig, die keine Gewalt anwenden;
denn sie werden das Land erben.
Selig, die hungern und dürsten
nach der Gerechtigkeit;
denn sie werden satt werden.
Selig die Barmherzigen;
denn sie werden Erbarmen finden.
Selig, die ein reines Herz haben;
denn sie werden Gott schauen.
Selig, die Frieden stiften;
denn sie werden Söhne Gottes
genannt werden.
Selig, die um der Gerechtigkeit willen
verfolgt werden;
denn ihnen gehört das Himmelreich.
Selig seid ihr, wenn ihr um meinetwillen
beschimpft und verfolgt
und auf alle mögliche Weise
verleumdet werdet.

Mt 5,3-11

DIE WALDKIRCHE

Es war einmal ein Wald, in dem die Vögel bei Tag und die Insekten bei Nacht sangen. Bäume gediehen, Blumen blühten und alle Art von Kreatur freute sich des Lebens in Freiheit.
Und jeder, der diesen Wald betrat, wurde hingeführt zur Einsamkeit, die die Heimat Gottes ist, der im Schweigen der Natur und ihrer Schönheit wohnt.
Doch dann begann das Zeitalter des bewusstlosen Handelns, als es den Menschen möglich wurde, dreihundert Meter hohe Gebäude zu errichten und innerhalb eines einzigen Monats Flüsse, Wälder und Berge zu zerstören. Man baute Häuser für den Gottesdienst aus dem Holz der Waldbäume und aus den Steinen im Waldboden. Kirchtürme und Minarette ragten in den Himmel, die Luft war erfüllt von Glockengeläut, Gebet, Gesang und Ermahnung.
Und plötzlich hatte Gott kein Haus mehr.

Anthony de Mello

DANK FÜR DIE ERDE

Herr, du hast uns die Sonne,
den Mond und die Sterne geschenkt,
die Erde mit ihren Wäldern und Bergen,
die Meere und alles, was sich darin bewegt und lebt.
Du hast uns alles, was grünt, geschenkt
und alles, was blüht und Frucht trägt,
auch alles, worüber wir uns streiten,
und alles, was wir zurückgewiesen haben.
Wir kommen jetzt zu dir
mit den unwürdigsten all unserer Gaben,
mit unseren Talenten, unseren Gebeten, uns selbst.
Wir kommen zu dir mit diesen Gaben,
die wir von dir haben und die wir dir jetzt zurückgeben,
dir, dem Ursprung aller Dinge.
Amen.

von den Philippinen

*Wir sind nicht auf der Erde, um ein Museum zu hüten,
sondern um einen Garten zu pflegen, der von blühendem Leben strotzt
und für eine schöne Zukunft bestimmt ist.*

Papst Johannes XXIII.

WIE DER REGENBOGEN

Wenn es regnet und die Sonne scheint,
steht der Regenbogen der Sonne entgegen.
Er ist das bunte Licht, das Begeisterung weckt.
Staunend stehen wir vor ihm. Können uns nicht satt sehen.
Doch das Licht des Regenbogens ist nur der Widerschein des Sonnenlichtes.
Licht von Tausenden einzelnen Regentropfen verwandelt, verzaubert,
in Farbe getaucht.

Vater, lass mich wie ein Regentropfen sein, öffne mich
für das strahlende Licht, durchfließe mich und lasse mich erstaunen,
lass mich selbst erstrahlen in meinen Farben, die ich doch dir verdanke.

Vater, lass uns Glaubende wie ein Regenbogen sein
und deine Liebe in die Welt hineinspiegeln, lass uns diese Welt verwandeln
und bezaubern und in verschiedene Farben tauchen,
wenn wir – so wie wir von dir gewollt sind – deine Liebe weiterschenken.

**Die Verantwortung liegt in unserer Hand.
Wir können viel tun, um die Welt zu verändern.
Auch ein Einzelner kann viel tun, anstoßen und bewegen.
»Das Mögliche ist unsere Verantwortung, das Unmögliche muss der Herrgott machen.«**

Ruth Pfau

Ruth Pfau (geb. 1929 in Leipzig): Ärztin und Ordensschwester. Eine Begegnung mit Leprakranken in Pakistan veränderte ihr Leben. Die Kranken waren ausgestoßen und medizinisch aufgegeben. Hier fand sie ihre Lebensaufgabe: die Kranken zu heilen und der Krankheit den Schrecken zu nehmen. Das von ihr begonnene Programm veränderte Pakistan. Sie ging für 10 Jahre illegal nach Afghanistan, um dort einen Gesundheitsdienst aufzubauen. In Pakistan erhielt sie die höchste Auszeichnung des islamischen Landes und den Rang einer Staatssekretärin.

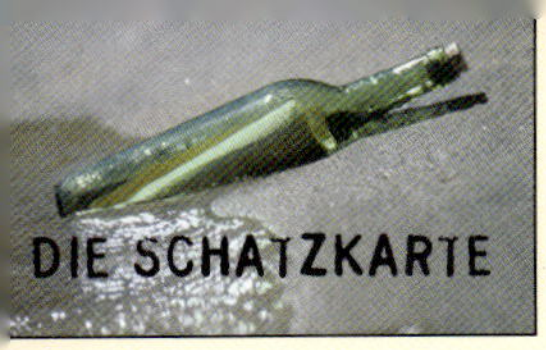

GROSSER GOTT,
gib uns ein verständnisvolles Herz,
damit wir von deiner Schöpfung nicht mehr wegnehmen, als wir geben können;
damit wir sie nicht willkürlich zerstören nur um unserer Habgier willen;
damit wir uns nicht weigern, ihre Schönheit mit unseren Händen zu erneuern;
damit wir niemals von der Erde nehmen, was wir nicht wirklich brauchen.
Großer Gott, gib uns Herzen, die begreifen,
dass wir Verwirrung stiften, wenn wir die Musik der Erde stören;
dass wir blind für ihre Schönheit werden, wenn wir ihr Gesicht verunstalten;
dass wir ein Haus voller Gestank haben,
wenn wir gefühllos ihren Wohlgeruch verderben.
Ja, Herr, es ist wahr: Wenn wir sorgsam und zärtlich mit der Erde umgehen,
sorgt sie für uns und schützt uns und erhält uns am Leben.

Indianer, Nordamerika

Herr Jesus Christus,
der du von einer hebräischen Mutter geboren,
aber voll Freude warst über den Glauben
einer syrischen Frau und eines römischen Soldaten;
der du die Griechen, die dich suchten, freundlich aufgenommen hast
und zuließest, dass ein Afrikaner dein Kreuz trug –
Hilf uns, Menschen aller Rassen und Nationalitäten,
aller Farben und Schichten als Miterben in dein Reich zu bringen.

aus Südafrika

**Vielleicht können wir die Welt nicht verändern,
aber ich will nicht, dass die Welt mich verändert.**

Ellie Wiesel

Ellie Wiesel (geboren 1928): jüdischer Schriftsteller. 1944 wurde er mit seiner Familie in das Vernichtungslager Auschwitz deportiert. Dort schwor er: »Sollten wir durch ein Wunder eines Tages hier herauskommen, dann weihen wir unser ganzes Leben dieser Pflicht, Zeugnis abzulegen angesichts der allgemeinen Gleichgültigkeit.« Als einziger seiner Familie überlebte er die KZ-Haft. Er hielt sein Gelübde und beschrieb die unvorstellbaren Grausamkeiten der Nazis. Er setzte sich für die Hungernden in Afrika und Flüchtlinge aus Kambodscha ein.

DER KLANG DES GELDES

Einmal gingen ein Indianer und ein Weißer gemeinsam durch eine große Stadt. Ringsum rauschte der Verkehr. Plötzlich blieb der Indianer stehen, tippte den Weißen an und sagte: »Hör mal! Da zirpt eine Grille.« Der Weiße antwortete ihm: »Wir sind mitten in der Stadt. Hier gibt es keine Grillen. Alles, was du hörst, sind Autos, hastende Menschen, Großstadtlärm.« Beide gingen weiter. Da ließ der Indianer unauffällig eine kleine Münze fallen. Sie fiel leise auf den Fußweg, rollte ein kleines Stück, drehte sich und blieb liegen. Einige der Passanten auf den Fußweg hörten das. Sie blieben stehen, schauten hin und her und suchten. Schließlich fand einer die Münze und steckte sie freudig ein. Der Indianer und der Weiße sahen dies und gingen weiter.
Nach einigen Schritten schob der Indianer ein wenig Gras auf einer Grünanlage auseinander und – da saß eine Grille. Da sagte der Weiße: »Ist ja kein Wunder, ihr Indianer hört eben besser.« Der Indianer antwortete: »Keineswegs, die Münze, die gerade herunterfiel, war viel leiser als die Grille. Ihr Weißen habt Ohren für das Geld, wir Indianer haben auch Ohren für die Grille.«

Gebraucht die Liebe
als eure wichtigste Waffe.
Lasst euch von keinem Menschen
so sehr erniedrigen,
dass ihr ihn hasst.
In einer Welt, die sich auf Macht,
Zwangsherrschaft und Gewalt verlässt,
seid ihr aufgerufen,
dem Weg der Liebe zu folgen.
Dann werdet ihr erfahren,
dass unbewaffnete Liebe
die stärkste Macht der Welt ist.

Martin Luther King

Bevor du dich daran machst, die Welt zu verbessern,
gehe dreimal durch dein eigenes Haus.

Aus China

Vater unser
und aller Menschen Vater, Vater aller Völker, Rassen und Nationen,

Der du bist im Himmel
und bei den Geschöpfen auf dieser Erde, der du bist im Reich der Ewigkeit und in den Elendsvierteln rund um den Globus,

Geheiligt werde dein Name
in Kirchen und Gemeinden, in Krankenhäusern und Seniorenheimen, bei Gericht und in den Gefängnissen, in der Geschäftswelt und in den Freizeitzentren, im Glück und im Leid, bei Erfolg und in Niederlagen.

Dein Reich komme
als Befreiung aus Ungerechtigkeit und Schuld, als Herrschaft des Guten über das Böse, als Reich des Friedens und der Gerechtigkeit.

Dein Wille geschehe
in dem, was wir tun und unterlassen, in unseren Begegnungen mit Menschen, in unseren Wünschen und Zukunftsplänen, in Staat und Kirche, in Familien und Gruppen, unter Nachbarn und Hausbewohnern, dein Wille geschehe wie Himmel so auf Erden.

Unser tägliches Brot gib uns heute
Brot für den Leib und die Seele, das Brot der Wertschätzung und Liebe, Brot, das wir dankbar brechen und miteinander teilen, Brot der Fülle und des Segens.

Und vergib uns unsere Schuld
Schuld, die uns belastet und niederdrückt, die wir nicht mehr ungeschehen machen können, Schuld, weil wir anderen Unrecht taten, Leid, Verbitterung und Enttäuschung säten,

Wie wir vergeben unsern Schuldigern,
wenn wir die Bereitschaft zur Versöhnung nicht absterben lassen, von anderen nicht einfordern, was sie nicht erbringen können, Spannungen abbauen und Wunden heilen lassen,

Und führe uns nicht in Versuchung
durch Parolen, Stimmungsmache, Sensationsberichte, durch Massenmedien und Reizangebote, durch verlockende, aber unredliche Gewinne, durch überzogenen Ehrgeiz oder ungehemmte Triebe,

Sondern erlöse uns von dem Bösen,
dem Bösen in all seinen Formen, von dem Bösen in uns selbst und dem Bösen um uns her, von dem Bösen, das wir uns oft selbst antun, und dem Bösen, das uns schicksalhaft überfällt, von dem Bösen, das uns in die Verzweiflung treibt, und dem Bösen, das teuflisch ist.

Denn dein ist das Reich,
das Reich der Liebe und des Friedens, das du uns Menschen schenken willst,

Und die Kraft,
eine Kraft zu vielfältigem Guten, zu dem du uns stärken möchtest

Und die Herrlichkeit,
die den Tod überwindet und Leben schenkt für immer.

Amen

EIN HOFFNUNGSLIED

Unsere Hoffnung muss Phantasie bekommen,
die diese kranke Welt neu entwerfen kann,
die das ausmalen, ausdenken,
ausdeuten ausbreiten kann,
von dem wir jetzt nur träumen können:
den neuen Himmel und die neue Erde.

Unsere Hoffnung muss Hände bekommen,
die Hand anlegen an dieser kranken Welt,
heilende Hände anlegen, die die Tränen abtrocknen
und sich nicht abfinden
mit der Unerlöstheit dieser kranken Welt

Unsere Hoffnung muss Füße bekommen,
die sich wundlaufen für das Heil der Welt,
denen kein Weg zu weit und zu schwer ist,
zu den Menschen zu gehen,
die den Weg Jesu Christi weitergehen,
die Gott hier auf Erden in Gang bringen.

Unsere Hoffnung muss Worte bekommen,
die die Menschen verstehen,
ein rechtes Wort zur rechten Zeit,
Worte, die Trauer tragen,
Worte, die trösten,
Worte, die Freude schenken

Gott hat damit den Anfang gemacht
in seinem geliebten Sohn Jesus von Nazareth,
in ihm hat die Hoffnung der Menschen,
die Hoffnung dieser kranken Welt,
Hand und Fuß bekommen,
und das im wahrsten Sinne des Wortes.

Gott hat damit den Anfang gemacht,
wir müssen weitermachen

Diethard Zils

WARUM LÜGEN DIE MÄCHTIGEN?

Seht in unsere Welt
Vollmundig wird von Menschenrechten geredet
und geschwiegen, wenn sie mit Füssen getreten werden
    Wo gilt Gottes Recht?
    Wo gilt das Recht für Menschen, Tiere und die Schöpfung?
Mächtige richten sich nicht danach.
Politiker, Konzerne, Terroristen, Medien.
Viele behandeln die Menschen wie Dreck.
    Die Gier und Sucht nach Einfluss und Macht gehen über Leichen.
    Sie sind das Pestgeschwür unserer Zeit.
Mein Gott, warum lässt du sie gewähren?
Nimm ihnen doch ihre Macht, denn sie haben sie nicht verdient.
    Sie sind taub und blind für die Wunder deiner Schöpfung.
    Ihnen fehlt der Sinn für die ohnmächtige Kraft deiner Liebe.
Ich rufe nach Strafe, nach Rache und möchte,
dass du es ihnen heimzahlst.
Bin ich besser als sie? Ich möchte es!
    Und wenn ihr seelenloses Tun alles zerstört?
    Wenn unsere Mutlosigkeit dies geschehen lässt?
Mein Gott, brich ein in unsere Welt und lass etwas passieren.
Damit die Welt aufatmet und jubelt.
    Ja, du mein Gott regierst!

nach Psalm 58

Psalm 126

DER HERR ERLÖST SEINE GEFANGENEN

Als der Herr das Los der Gefangenschaft Zions wendete,
da waren wir alle wie Träumende.
Da war unser Mund voll Lachen
und unsere Zunge voll Jubel.
Da sagte man unter den andern Völkern:
»Der Herr hat an ihnen Großes getan.«
Ja, Großes hat der Herr an uns getan.
Da waren wir fröhlich.
Wende doch, Herr, unser Geschick,
wie du versiegte Bäche wieder füllst im Südland.
Die mit Tränen säen,
werden mit Jubel ernten.
Sie gehen hin unter Tränen
und tragen den Samen zur Aussaat.
Sie kommen wieder mit Jubel
und bringen ihre Garben ein.

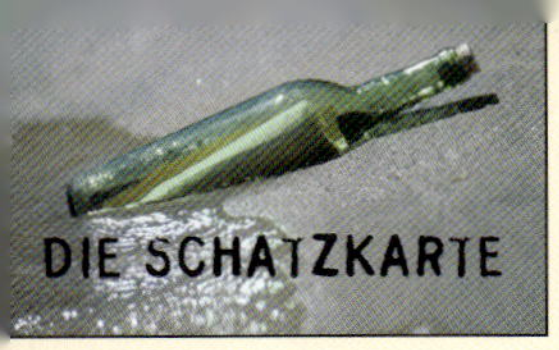

WACHSTUM

Der alte Herr mit den weißen Haaren hörte mit gespannter Aufmerksamkeit zu, als der berühmte Wirtschaftswissenschaftler seinen Entwurf für die künftige Entwicklung des Planeten erläuterte.
»Sollte Wachstum wirklich der wichtigste Aspekt in einer modernen Gesellschaft sein?« fragte er danach.
»Selbstverständlich, jedes Wachstum ist gut in sich«, erläuterte der Wissenschaftler nachsichtig.
»Denken nicht Krebszellen genauso?«, fragte kopfschüttelnd der alte Herr, verabschiedete sich, und ließ den Wissenschaftler nachdenklich zurück.

SEGEN

Gesegnet sei die Erde, auf der du stehst,
gesegnet sei der Weg, den du gehen wirst.
Gesegnet auch das Ziel deines Lebens.

Gesegnet sei die Kraft deines Glaubens.
Gesegnet sei, was deine Liebe tut.
Gesegnet sei, worauf du deine Hoffnung gründest.

Es segne dich der König der Könige.

Irischer Segenswunsch

3. MENSCH

Ein Schriftgelehrter fragte Jesus: Welches Gebot ist das erste von allen? Jesus antwortete: Das erste ist: Höre, Israel, der Herr, unser Gott, ist der einzige Herr. Darum sollst du den Herrn, deinen Gott, lieben mit ganzem Herzen und ganzer Seele, mit all deinen Gedanken und all deiner Kraft. Als zweites kommt hinzu: Du sollst deinen Nächsten lieben wie dich selbst. Kein anderes Gebot ist größer als diese beiden.

Mk 12.28–31

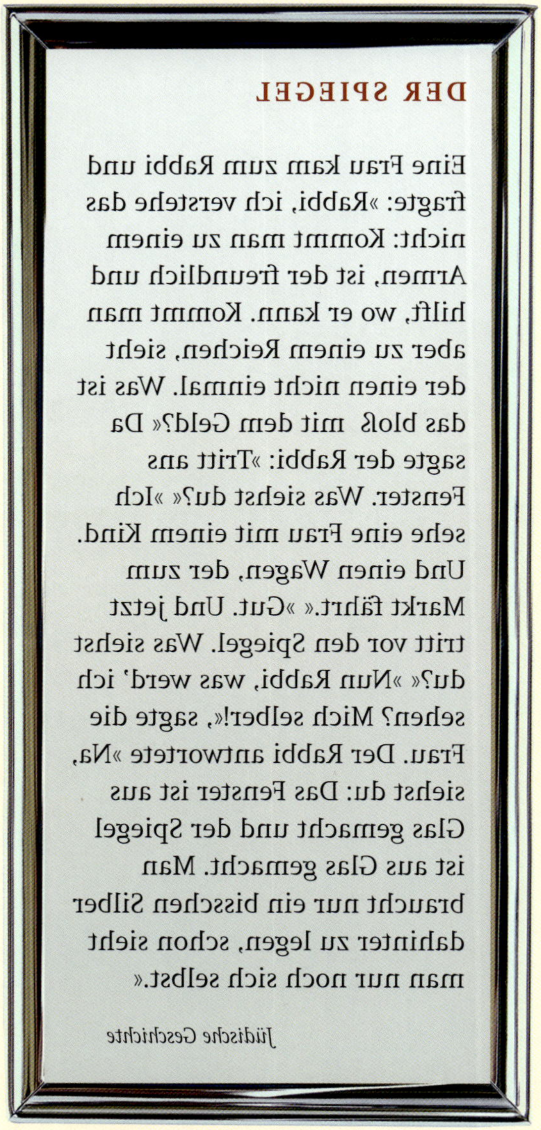

SCHAFFE MIR EIN NEUES HERZ

Wenn ich einsam bin,
schaffe in mir ein fröhliches Herz,
das deine Gegenwart fühlt.

Wenn ich erschöpft bin,
schaffe in mir ein zuversichtliches Herz,
das mich an den Sinn meines Lebens erinnert.

Wenn ich leide,
schaffe in mir ein geduldiges Herz,
das die Schwierigkeiten schweigend trägt.

Wenn ich versucht werde,
schaffe in mir ein festes Herz,
das gegen die Versuchung kämpft.

Wenn ich gefallen bin,
schaffe in mir ein glaubendes Herz,
das deine Vergebung empfängt.

Wenn ich mit Wohlstand gesegnet bin,
schaffe in mir ein großzügiges Herz,
das deine Gaben mit den Armen teilt.

Wenn ich mit Freunden zusammen bin,
schaffe in mir ein mitfühlendes Herz,
das ihnen das Evangelium weitersagt.
Amen.

Johnson Gnanabaranam

An allem Unfug, der passiert,
sind nicht etwa nur die schuld, die ihn tun,
sondern auch die, die ihn nicht verhindern.

Erich Kästner

ZEITUNGSGEBET

Statt zu beten, lese ich Zeitung:
Die Schlagzeilen, die Kleinanzeigen,
den Stellenmarkt, den Börsenbericht.
Eifersüchtiger Mann
erschlug Frau und Kinder.
Jumbojet prallte gegen Berghang.
Die kleine Biggi kann wieder lachen.
Ehepaar sucht Gleichgesinntes.

Zwischen Rotz und Tränen,
Gefühlsduselei und Brutalität,
Sensationslust und Gleichgültigkeit
bringen wir Menschenopfer,
waschen wir Autos und Hände in Unschuld,
üben wir beten und fluchen,
spannen wir die Hoffnung auf die Folter.

Ich blättere in den Seiten
des Lebens und denke:
Das kann doch nicht
dein Ernst sein, Herr,
dass diese Welt in Ordnung ist.
Oder liest du
eine andere Zeitung?

Wolfgang Poeplau

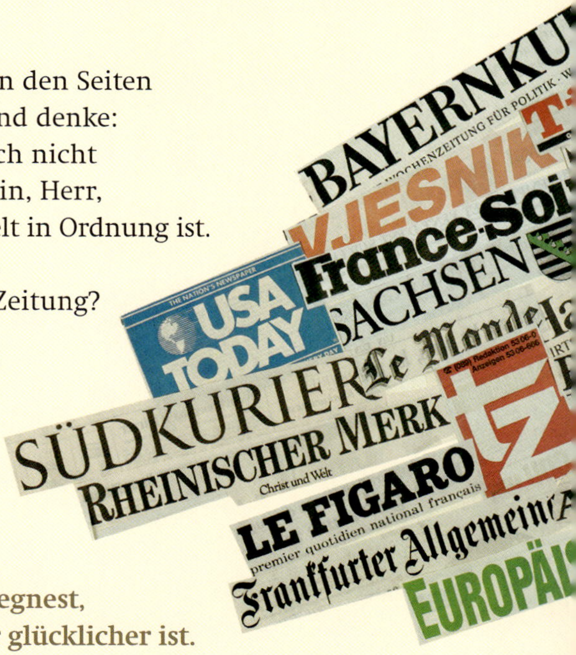

Lass nicht zu, dass du jemandem begegnest,
der nicht nach der Begegnung mit dir glücklicher ist.

Mutter Teresa

Mutter Teresa (1910–1997): albanische Ordensfrau und Gründerin der »Missionarinnen der Nächstenliebe«. Sie kümmerte sich in Kalkutta (Indien) um Arme, Hungernde, Sterbende und Leprakranke. Als ihr der Friedennobelpreis überreicht wurde, erzählte sie die Geschichte einer hungernden Hindufamilie, der sie Reis brachte, von dem die Mutter sofort die Hälfte ihren moslemischen Nachbarn gab, die auch hungrig waren. Diese Frau wusste in ihrer Not, dass andere auch leiden und hatte den Mut und die Liebe zu teilen.

LOS GEHT'S!

Brich einfach auf,
auch wenn es wieder 1000 gute Gründe zum Aufschieben gibt.
Beginne den Weg Schritt für Schritt.
Sei unterwegs mit Leib und Seele und mit ganzem Herzen.

Grenz dich nicht ein,
auch wenn du glaubst, das Ziel rückt dadurch weiter weg.
Habe Achtung vor Menschen, für die Schöpfung, für Gott und dich.
Öffne dich, und der Weg wird dich verändern.

Triff ruhig Entscheidungen.
Es ist schwer, zu vielen Zielen zu folgen.
Wäge ab und gib manches auf.
Entscheide dich in Freiheit
und du erfährst Grenzenlosigkeit.

Verlier das Ziel nicht aus den Augen,
finde deine Pfade durch den Alltag hindurch,
schau in die Augen der Menschen,
spüre die Wunder der Schöpfung,
versuche das Geheimnis, das du selbst bist, zu ergründen.

Teile deine Sehnsucht mit anderen.
Verfalle nicht in Routine.
Lass dich nicht entmutigen.
Gönne dir Pausen und
frag auch mal nach dem Weg,
und du wirst nicht allein bleiben.

Sammle auf dem Weg
alles, was dich stark und liebenswert macht.
Sei großzügig mit deinen Talenten und Gaben.
Mach anderen Mut zum Aufbruch.
Bringe Hoffnung in die Welt,
und du wirst ankommen.

SIEBEN KOMISCHE FÜRBITTEN

Hilf uns, Träumer zu werden.
Die nicht aufwachen und aufgeben,
sondern losgehen
und dem Traum von einer gerechteren Welt folgen.

Hilf uns, Streiter zu werden.
Die nicht unfair werden und foulen,
sondern geradeheraus eine ehrliche Meinung
vertreten und sie auch durchzusetzen versuchen.

Hilf uns, Propheten zu werden.
Die keine Phrasen dreschen und dröhnen,
sondern mit allen Sinnen die Gegenwart spüren
und herausrufen wo es brennt.

Hilf uns, Künstler zu werden.
Die nicht einfach irgendwelche Kleckse fabrizieren,
sondern das, was sie von dir spüren, so verwandeln,
dass anderen die Augen und Ohren aufgehen.

Hilf uns, Liebende zu werden.
Die nicht nur Spaß und Lust wollen,
sondern durch dick und dünn mitgehen
und das Leben mit anderen teilen

Hilf uns, Tröster zu werden.
Die keine billigen Pflaster verteilen,
sondern Leid aushalten und mitweinen können,
ohne die Hoffnung zu verlieren.

Hilf uns, Priester zu werden.
Die nicht nur Texte vollmundig lesen,
sondern dein Wort mit Leben füllen
und deine Gegenwart feiern.

**Man versteht das Evangelium nur,
wenn man es tut.**

Charles de Foucauld

Charles de Foucauld (1858–1916): französischer Priester, Missionar und Einsiedler. Lange suchte er nach seinem richtigen Lebensweg. Er probierte es als Trappist in Syrien, dass war ihm noch zu bequem, er ging nach Nazareth, diente in einem Kloster. Schließlich errichtete er in Algerien eine Einsiedelei. Er wollte zu den Ärmsten der Armen und zieht zu den Tuareg, einem Beduinenstamm in der Sahara. »Ich möchte nicht erster Klasse durch das Leben fahren, während der, den ich liebe, sein Leben in der Letzten verbrachte.« 1916 wird er von einer Bande bewaffneter Räuber überfallen und erschossen.

Es gibt keine größere Kraft als die Liebe.
Sie überwindet den Hass,
wie das Licht die Finsternis.

Martin Luther King

Stimmt es, dass du den Regenbogen
als Zeichen des Friedens
und der Verbindung zu den Menschen
verstanden hast?
Dann schaffe am Himmel
ein solch mächtiges Zeichen,
dass es das Gewissen der Völker erschüttert
und sie dahin führt,
den offensichtlichen Irrsinn der Kriege
und der Missbildung
einer winzigen Welt der Reichen zu sehen,
die umschlossen und durchdrungen
von den Wassern des Elends ist.
Selbst du,
mit deinem unwiderstehlichen Blick
unendlicher Güte,
hast nicht vermocht,
das Herz des reichen Jünglings zu bewegen.
Und dabei hatte er von Kindheit an
all deine Gebote befolgt.
Herr, mein Herr,
lass nicht zu, dass wir
aus falscher Liebe
die schrecklichen Wahrheiten verharmlosen,
die du den Reichen gesagt hast.

Dom Hélder Câmara

Reichtum sollte eigentlich nur einen Zweck haben: Armut abzuschaffen.

Julius Nyerere

Julius Nyerere (1922–1999): Lehrer und erster Präsident Tansanias. Er war einer der beeindruckendsten und ehrlichsten Politiker des 20. Jh. Ihm ist es zu verdanken, dass Tansania ein friedliches Land ist, in dem Stammeskonflikte keine Rolle mehr spielen. Er erfand den sogenannten afrikanischen Sozialismus, der Gott als Schöpfer des Lebens anerkennt und auch zum Ziel hat, durch Glauben die Welt positiv zu verändern. In einer zuerst durch den Ost-West-Konflikt, dann von der Globalisierung geprägten Welt hatte dieser Ansatz allerdings keine Chance, auch wirtschaftlich erfolgreich zu sein.

AM ENDE SIND WIR FREI

Eines Tages wird Freiheit kein leeres Wort sein,
eines Tages wird sie allen gehören.
Ein Traum wird wahr und Lachen wird selbst dort zu hören sein,
wo bisher geschwiegen wurde.
Auf Straßen und Plätzen wird gesungen und getanzt,
Menschen öffnen ihre Augen und staunen:
Es gibt dich also doch, Gott.
Und die Singenden trauen sich und rufen aus:
Gott, du hast uns überreich beschenkt,
du bist du, hier bei uns.
So wie du die Quelle zum Schluss
als Strom ins Meer fließen lässt,
so bringe uns an unser, an dein Ziel, Gott.
Nach aller Unterdrückung und Angst,
nach allem Zweifel und aller Not
gewinnt zu Schluss die Freude.
Öffne uns einen neuen Weg
zur Freiheit hin,
auf dem wir
viele kleine Schritte
mit dir gehen können.

nach Psalm 126

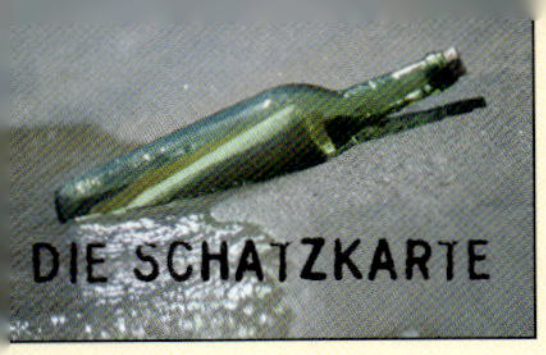

Psalm 8

DIE HERRLICHKEIT DES SCHÖPFERS – DIE WÜRDE DES MENSCHEN

Herr, unser Herrscher,
wie gewaltig ist dein Name auf der ganzen Erde;
über den Himmel breitest du deine Hoheit aus.
Aus dem Mund der Kinder und Säuglinge
schaffst du dir Lob,
deinen Gegnern zum Trotz;
deine Feinde und Widersacher
müssen verstummen.
Seh ich den Himmel, das Werk deiner Finger,
Mond und Sterne, die du befestigt:
Was ist der Mensch, dass du an ihn denkst,
des Menschen Kind,
dass du dich seiner annimmst?
Du hast ihn nur wenig geringer gemacht als Gott,
hast ihn mit Herrlichkeit und Ehre gekrönt.
Du hast ihn als Herrscher eingesetzt
über das Werk deiner Hände,
hast ihm alles zu Füßen gelegt:
All die Schafe, Ziegen und Rinder
und auch die wilden Tiere,
die Vögel des Himmels
und die Fische im Meer,
alles, was auf den Pfaden
der Meere dahinzieht.
Herr, unser Herrscher,
wie gewaltig ist dein Name
auf der ganzen Erde!

DAS ENDE DER NACHT

Ein jüdischer Weiser fragte seine Schüler: »Wie kann man den Augenblick bestimmen, wo die Nacht zu Ende ist und der Tag anbricht?« Der erste Schüler fragt: »Ist es, wenn man in der Ferne einen Feigenbaum von einer Palme unterscheiden kann?« Der Rabbi antwortet: »Nein, das ist es nicht.« Der zweite Schüler meint: »Wenn man ein Schaf von einer Ziege unterscheiden kann, dann wechselt die Nacht zum Tag.« – »Auch das ist es nicht«, ist die Antwort des Weisen. »Aber wann ist denn der Augenblick gekommen?«, fragen die Schüler. Der Rabbi antwortet: »Wenn du in das Gesicht eines Menschen schaust und darin den Bruder oder die Schwester erkennst, dann ist die Nacht zu Ende, dann bricht der Tag an.«

Chassidische Geschichte

SEGEN

Gott, sei vor uns und leite uns.
Gott, sei neben uns und begleite uns.
Gott, sei hinter uns und schütze uns.
Gott, sei unter uns und trage uns.
Gott, sei über uns und öffne uns.
Gott, sei in uns
und schenke uns ein lebendiges Herz.

Irisches Segensgebet

Thomas sagte zu ihm: Herr, wir wissen nicht, wohin du gehst.
Wie sollen wir dann den Weg kennen?
Jesus sagte zu ihm: Ich bin der Weg und die Wahrheit
und das Leben; niemand kommt zum Vater
außer durch mich.

Joh 14,5–6

DER WEG

KOMPASS:

PSALMEN UND GEBETE – WIE MIT GOTT REDEN?

Beten ist mehr als ein paar Worte aufsagen. Manchmal ist Beten schweigen, manchmal ist es wie ein Gespräch mit einem guten Freund, dem ich alles sagen kann. Gott gegenüber brauche ich mich nicht zu verstellen. Er kennt mich, versteht mich und ist ein kritischer Begleiter. Aber nicht immer fallen mir die richtigen Worte ein. Da kann ich dankbar sein, dass es geschriebene Gebete gibt. Die Psalmen zum Beispiel sind regelrechte Gebetshits. Und das schon seit fast 3000 Jahren.

In der Bibel gibt es ein ganzes Buch mit Psalmen. Genau 150 sind darin aufgeschrieben. Oft wird König David als Verfasser genannt, aber so sicher ist das nicht. ›Psalm‹ ist hebräisch und heißt eigentlich ›Lied‹. In diesen Liedern, die zu den schönsten Gebeten der Welt gehören, wird in einer sehr deutlichen Sprache zu Gott gesprochen. Der ganze Lebensweg wird in den Psalmen vor Gott gebracht. Von Angst und Furcht ist ebenso die Rede wie von Mut und Stärke. Von Hass und Neid wird gesungen und von Liebe und Freude. Es gibt Psalmen, die Gott loben, und es gibt Psalmen, die Gott anklagen und fragen, warum er so viel Leid auf der Welt zulässt.

Im Stundengebet, das viele Menschen rund um den Globus Tag für Tag beten, stehen viele Psalmen. So wurden und werden die Psalmen durch alle Zeiten hindurch von Milliarden von Menschen gebetet. Wahrscheinlich, weil diese Gebete sehr ehrlich mit Gott sind, in dem sie von allen Erfahrungen sprechen, die ein Mensch im Leben machen kann.

Albino Luciani, der spätere Papst Johannes Paul I. sagte über das Beten: »Beten bedeutet mit dem Herrn sprechen, nicht nur über den Himmel oder über die Seele, sondern mit Jesus über alles plaudern, wie man es mit einem Freund tut. Man kann mit ihm reden über den Vater oder über die Mutter, von der Arbeit oder vom Spiel. Er ist uns nicht fern, sondern ganz nahe. Er hört uns zu und ist sehr froh, wenn wir mit ihm sprechen. Man betet nicht nur in der Kirche, sondern überall und immer. Wir können uns einen Augenblick konzentrieren, um Jesus zu grüßen, ihm zu danken oder ihn um Verzeihung zu bitten, ohne dass irgendjemand es merkt.«

4. LEBEN

GLEICHNIS VOM BARMHERZIGEN SAMARITER

Der Gesetzeslehrer sagte zu Jesus: Und wer ist mein Nächster? Darauf antwortete ihm Jesus: Ein Mann ging von Jerusalem nach Jericho hinab und wurde von Räubern überfallen. Sie plünderten ihn aus und schlugen ihn nieder; dann gingen sie weg und ließen ihn halb tot liegen. Zufällig kam ein Priester denselben Weg herab; er sah ihn und ging weiter. Auch ein Levit kam zu der Stelle; er sah ihn und ging weiter. Dann kam ein Mann aus Samarien, der auf der Reise war. Als er ihn sah, hatte er Mitleid, ging zu ihm hin, goss Öl und Wein auf seine Wunden und verband sie. Dann hob er ihn auf sein Reittier, brachte ihn zu einer Herberge und sorgte für ihn. Am andern Morgen holte er zwei Denare hervor, gab sie dem Wirt und sagte: Sorge für ihn, und wenn du mehr für ihn brauchst, werde ich es dir bezahlen, wenn ich wiederkomme. Was meinst du: Wer von diesen dreien hat sich als der Nächste dessen erwiesen, der von den Räubern überfallen wurde? Der Gesetzeslehrer antwortete: Der, der barmherzig an ihm gehandelt hat. Da sagte Jesus zu ihm: Dann geh und handle genauso!

Lk 10,29–37

AM ZIEL

Zwei Mönche hörten, es gäbe einen Ort, wo Himmel und Erde sich berühren. Wer an diesen Ort gelange, finde alles Glück des Himmels und der Erde. Er brauche nur die Tür zu öffnen, die an diesem Orte stehe.
So machten sie sich auf den Weg, diesen Ort zu suchen. Sie wanderten durch Schluchten, über Berge, durchquerten Wüsten und durchschwammen Flüsse. Sie kamen durch Steppen und wanderten durch riesige Wälder. Sie wanderten wochen-, monate-, jahrelang und endlich schienen sie gefunden zu haben, was sie suchten.
Sie standen vor einer niedrigen Holztür, neigten ihre Köpfe und traten erwartungsvoll ein. Als sie aufschauten, fanden sie sich in der Klosterzelle wieder, die sie vor Jahren verlassen hatten.

UMWEGE

Ich mache mich auf,
um die Mitte zu finden,
das Ziel meines Lebens.
Wenn ich es sehen kann,
ist der Weg dahin gerade und leicht.
Aber auf Umwege wird mein Schritt geführt.

Mein Gott,
wie viele Biegungen liegen noch vor mir?
Manchmal glaube ich, am Ziel zu sein.
Dann wieder stehe ich fast am Anfang.
Zögernd taste ich mich voran.

Ich erfahre:
Jede Umkehr bringt mich dir näher,
kein Schritt ist vergeblich
vor dir.

Ehe ich es verstehe,
liegt die neue Spur für mein Leben
vor mir.

Geh nicht nur die glatten Straßen,
geh Wege, die noch niemand ging.
Damit du Spuren hinterlässt
und nicht nur Staub.

Sprichwort

MIT DIR AUF DEM WEG

dir
glaube ich
vertraue ich
öffne ich mich

du hältst mich aus
kommst mir entgegen
bist da
gehst mit

indem du mich annimmst
lockst du mich hervor
schenkst mir Selbstvertrauen
machst mir Mut

ich kann so sein
wie ich bin
und weiß mich
gehalten geborgen

mit dir ist vieles möglich
du zauberst Unbekanntes in mir hervor
lässt es leben
atmest Freiheit

du riskierst dich
stellst dich
nimmst meine Abgrenzung in Kauf
bleibst treu

und du forderst mich heraus
gibst dich nicht zufrieden
fragst nach gehst mit
und lässt mich wieder

du wendest dich mir zu
und ich kann mich dir zuwenden
wir schenken uns selbst
teilen das Leben

erzählen und fragen
hören hin und provozieren
lachen und necken
schweigen und beten

du lädst mich ein zu dir
und lässt dich zu mir einladen
und ich genieße dein Anderssein
und unser wir

ich bin bereit
dich in mein Leben einzuladen
ein Stück meiner Freiheit aufzugeben
mich dir hinzugeben

weil du mich
befreist
kann ich mich
binden

WIR SIND NUR SPIEGEL GOTTES, GESCHAFFEN, UM GOTT IN UNS AUFZUNEHMEN.
DAS WASSER KANN NOCH SO TRÜBE SEIN, ABER AUCH SO WIDERSPIEGELT ES DEN HIMMEL.

ERNESTO CARDENAL

VOLL IM LEBEN

Manchmal glaube ich, du hast gelacht.
Du hast mich geschaffen und konntest dich nicht halten.
Dann denke ich, es war wohl nicht dein Tag
als du mich gemacht hast.
An anderen Tagen hab ich das Gefühl,
ich bin von dir äußerst ernsthaft und strukturiert zusammengesetzt.

Mein Problem, denkst du jetzt vielleicht,
aber pass mal auf, du Gott.
Ich hab es schon mitgekriegt,
dass ich so ziemlich einmalig bin in deinem Universum.
Und das geht nicht nur mir so.
Wer nicht völlig vernagelt durch die Welt geht,
muss doch sehen, was du an Originalen verteilt hast.

Langweilig kann es jedenfalls nicht auf der Welt werden.
So viel verschiedenes Leben.
So viele Menschen, die alle die Möglichkeit im Herzen tragen,
die Welt zu verwandeln. Mit deiner Hilfe.

Denkst du nicht manchmal,
du hast es dir ein wenig zu schwer gemacht
mit unserer Freiheit?
Wenn wir nur tun und lassen könnten, was du willst,
wäre das nicht besser?
So liegt es an uns, dich zu hören, zu spüren, zu ahnen
oder unsere Luken dicht zu machen
und dich nicht an uns heranzulassen.

Du umgreifst unser ganzes Leben.
Du berührst uns an jedem Ort, zu jeder Zeit.
Denn das Leben, das du aller Welt schenkst, quillt über
und schafft immer neue Möglichkeiten,
dir über den Weg zu laufen.
Gerade dort, wo wir am wenigsten mit dir rechnen.

Wahrscheinlich hast du nicht gelacht –
aber vielleicht gezwinkert?

MANCHMAL

manchmal
möchte ich fliegen können.
Mich hinaufschwingen
in den Himmel. Mich von allem lösen.
Unabhängig sein. AIles hinter mir lassen
Und mich nicht mehr umschauen
Für den Moment
möchte ich die Freiheit spüren,
die ein Vogel in den Lüften erlebt.
Nichts wird mich dann mehr halten können.
Ich werde frei sein und seine Freude spüren,
die mich erschaudern lässt
und die Gewissheit,
dass ich morgen
wieder Ianden werde.

Larissa Kolonko

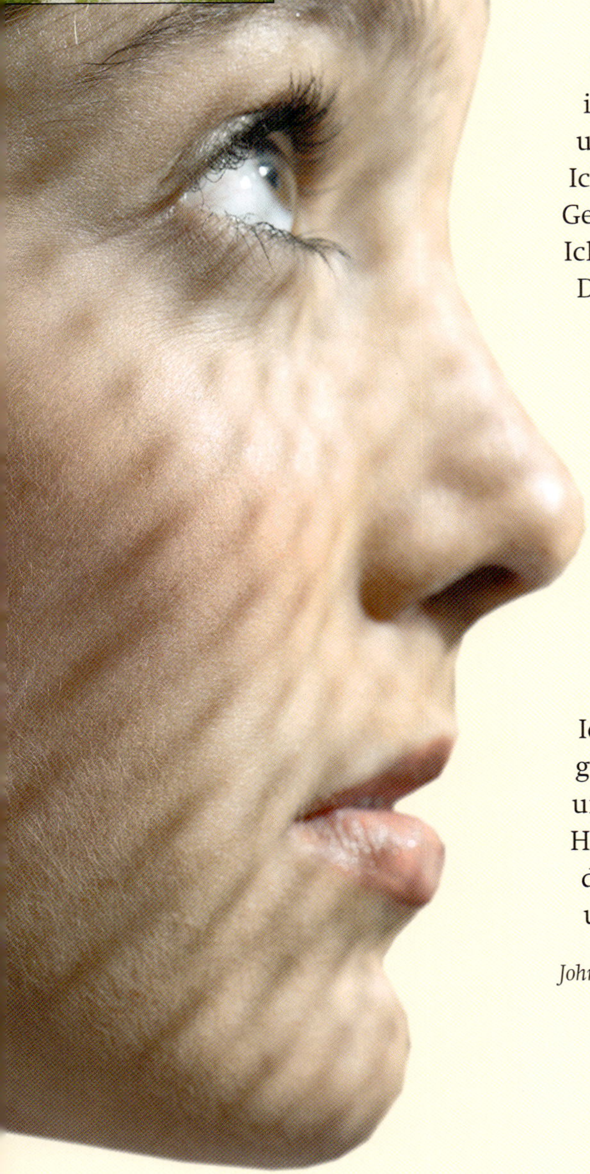

GEBET: ICH HABE ES SATT

Herr,
ich habe es satt, den Hals zu verdrehen
und jedem Trugbild nachzugaffen.
Ich drehe mich nicht mehr um.
Geradeaus sehe ich und schweige.
Ich gönne meinem Nacken Ruhe.
Denn mein Nacken ist müde,
müde vom ewigen Drehen und Wenden.
Mache mich zu einem Menschen,
der geradeaus geht,
dass ich nur auf deinen Weg schaue,
den Weg, den du zeigst.
Meine Ohren sind müde
vom Lärm der Züge und Autos,
müde vom Nachhall der Worte,
vom Kopfweh kommender Tage,
sehr, sehr müde und beinahe ertötet
vom klingenden, betäubenden Lärm.
Ich habe es satt, gereizt zu werden,
gereizt von den vielen Dingen draußen
und von der Selbstsucht drinnen.
Herr, reize du mich,
dass deine große Liebe mich treibt
und ich in Ewigkeit fröhlich bin.

John Mbiti, Kenia

**Jeder, der auf eigenen Füssen steht,
ist irgendwann eine Zeitlang
mit der Hilfe anderer gelaufen.**

Sprichwort

GEBET: FINGERABDRUCK

Davor kann ich nicht zurück.
Das ist eindeutig.
Durch ihn bin ich einmalig.
Ich bin nicht irgendwer.
Ich bin ich.
Ich bin geprägt,
nicht nur in meinem Fingerabdruck,
auch in meinen Gesten, Bewegungen,
meinem Gesicht, meinem Charakter –
das heißt: »Eingegrabenes«;
geprägt durch das, was war ...
Freude, Liebe, Glück, Freundschaft,
Schuld, Enttäuschung, Schmerz, Einsamkeit.

So, wie ich bin, kennt mich Gott:
Mit all meine Tränen und meinem Lachen,
meiner Güte und meiner Trägheit,
meiner Zuversicht und meiner Angst.

So, wie ich bin, nimmt er mich an, liebt er mich,
gibt mir täglich neu die Chance,
aus meinem Leben etwas zu machen
und neu anzufangen.
Grund genug, Ja zu sagen zu dieser Prägung Mensch.
Daraus erwächst Mut,
das notwendige Ja und das notwendige Nein zu sagen
und nach dem Gewissen zu handeln,
Eindrücke und Abdrücke zu hinterlassen.

WELCHE TÜR

Ich darf nicht die Türe sein,
durch die der Nächste geht,
darf ihn nicht zu mir rufen,
um ihn zu verpflichten,
meine Wege zu gehen,
meine Zugänge
zu den seinen zu machen,
von meinen Schlüsseln
abhängig zu sein.

Wenn meine Tür Christus ist,
kommt es darauf an,
einem jeden Bruder zu helfen,
dass er den Weg findet,
auf dem er
er selbst bleibt.

Dom Hélder Câmara

Dom Hélder Câmara (1909–1999) war brasilianischer Bischof. Als er zum Erzbischof gewählt wurde, zog er nicht in den Bischofpalast, sondern in ein einfaches Wohngebiet. Er engagierte sich für die Menschenrechte und leistete offen Widerstand gegen die brasiliansche Militärdiktatur, »Wenn ich den Armen zu essen gebe, nennen sie mich einen Heiligen. Aber wenn ich frage, warum die Menschen nichts zu essen haben, nennen sie mich einen Kommunisten.« Ausdrücklich betont er die Verantwortung des Menschen für die Schöpfung Gottes. Zweimal wurde er für den Friedensnobelpreis vorgeschlagen.

Hörst du mir bitte einmal zu, Gott.
Ich möchte dich doch auch antworten hören.
Wenn du schweigst, geht es mir wie allen,
die nicht mehr mit dir reden.
Höre mir doch zu, wenn ich schreie!
Hör mir zu, wenn ich flüstere.
Hör mir zu, wenn ich Wut habe.
Hör mir zu, wenn ich bete.
Nein, ich möchte niemand werden,
der ja sagt und nein denkt.
Nein, ich möchte kein falsches Leben führen
und den Kontakt zu dir abbrechen.
So wie die, die von dir nichts mehr wissen wollen.
Und keine Augen für deine Werke haben.
Ich will dir danken, Gott,
und ich will glauben, dass du mich hörst.
Du stärkst mir den Rücken,
meine Seele ist sicher in deiner Hand.
Du machst mich glücklich.
So froh, dass ich singen und tanzen will.
Komm zu allen, die an dich glauben.
Mache uns stark und verlasse uns nicht.
Hilf uns, Sinn und ein Ziel im Leben zu finden.
Zeig uns die Stelle, wo wir Kraft und Mut schöpfen können.

nach Psalm 28

Psalm 92

UNTER GOTTES SCHUTZ

Wer im Schutz des Höchsten wohnt
und ruht im Schatten des Allmächtigen,
der sagt zum Herrn:
»Du bist für mich Zuflucht und Burg, mein Gott, dem ich vertraue.«
Er rettet dich aus der Schlinge des Jägers
und aus allem Verderben.
Er beschirmt dich mit seinen Flügeln,
unter seinen Schwingen findest du Zuflucht,
Schild und Schutz ist dir seine Treue.
Du brauchst dich vor dem Schrecken der Nacht nicht zu fürchten,
noch vor dem Pfeil, der am Tag dahinfliegt,
nicht vor der Pest, die im Finstern schleicht,
vor der Seuche, die wütet am Mittag.
Fallen auch tausend zu deiner Seite,
dir zur Rechten zehnmal tausend, so wird es doch dich nicht treffen.
Ja, du wirst es sehen mit eigenen Augen,
wirst zuschauen, wie den Frevlern vergolten wird.
Denn der Herr ist deine Zuflucht,
du hast dir den Höchsten als Schutz erwählt.
Dir begegnet kein Unheil,
kein Unglück naht deinem Zelt.
Denn er befiehlt seinen Engeln,
dich zu behüten auf all deinen Wegen.
Sie tragen dich auf ihren Händen,
damit dein Fuß nicht an einen Stein stößt;
du schreitest über Löwen und Nattern,
trittst auf Löwen und Drachen.
»Weil er an mir hängt, will ich ihn retten;
ich will ihn schützen, denn er kennt meinen Namen.
Wenn er mich anruft, dann will ich ihn erhören.
Ich bin bei ihm in der Not, befreie ihn und bringe ihn zu Ehren.
Ich sättige ihn mit langem Leben
und lasse ihn schauen mein Heil.«

DAS RECHTE LEBEN

Einen Weisen fragten einmal seine Schüler »Du stehst nun schon so lange vor diesem Fluss und schaust ins Wasser. Was siehst du denn da?«
Der Weise gab lange keine Antwort. Er wandte den Blick nicht ab von dem unablässig strömenden Wasser. Endlich sprach er: »Das Wasser lehrt uns, wie wir leben sollen. Wohin es fließt, bringt es Leben und teilt sich aus an alle, die seiner bedürfen. Es ist gütig und freigiebig. Die Unebenheiten des Geländes versteht es auszugleichen. Es ist mutig und stürzt über Felsen. Es ist verträglich. Aber seine sanfte Kraft ist Tag und Nacht am Werk, das Hindernis zu beseitigen. Es ist ausdauernd. Wie viele Windungen es auch auf sich nehmen muss, niemals verliert es die Richtung zu seinem Ziel, dem Meer, aus dem Auge. Es ist zielbewusst. Und so oft es auch verunreinigt wird, bemüht es sich doch unablässig, sich wieder zu erneuern, Das alles», sagte der Weise, »ist es, warum ich auf das Wasser schaue. Es lehrt mich das rechte Leben.«

Märchen aus Eritrea

SEGEN

Der Herr segne dich, wenn du gehen musst.
Er beschütze dich auf den schmalen Straßen,
wenn du unterwegs bist.

Er gebe dir einen Platz zu ruhen in seiner Burg
und deinem Herzen Offenheit
für die Begegnungen auf deiner Reise.

Deine Ankunft soll von Freude begleitet sein.

Irischer Segenswunsch

5. TAG

Im Anfang schuf Gott Himmel und Erde; die Erde aber war wüst und wirr, Finsternis lag über der Urflut, und Gottes Geist schwebte über dem Wasser.

Gott sprach: Es werde Licht. Und es wurde Licht. Gott sah, dass das Licht gut war. Gott schied das Licht von der Finsternis, und Gott nannte das Licht Tag, und die Finsternis nannte er Nacht. Es wurde Abend und es wurde Morgen: erster Tag.

Gen 1,1–5

GESTUTZTE FLÜGEL

Stell dir mal ein garstiges Gleichnis vor: Die Christen leben wie Gänse auf einem Hof. An jedem siebten Tag wird eine Parade abgehalten und der beredsamste Gänserich steht auf dem Zaun und schnattert über das Wunder der Gänse. Er erzählt die großen Taten der Vorfahren, die einst zu fliegen wagten. Er lobt die Barmherzigkeit des Schöpfers, der den Gänsen Flügel und den Instinkt zum Fliegen gab. Die Gänse sind tief gerührt und senken in Ergriffenheit die Köpfe. Sie loben die Predigt und den beredten Gänserich. Aber das ist auch alles. Eines tun sie nicht – sie fliegen nicht. Nein, sie gehen zu ihrem Mittagsmahl. Sie steigen nicht in den Himmel auf, denn das Korn ist gut und der Hof ist sicher.

nach Søren Kierkegaard

MORGENGEBETE

Wann wird eigentlich ein Tag geboren?
Die Geburtsstunde des Tages ist da,
wo ich Menschen wirklich begegne,
nicht nur an ihnen vorbeilebe.
Die Geburtsstunde des Tages ist da,
wo ich in die Augen eines Menschen sehen kann.
Die Geburtsstunde des Tages ist da,
wo ein Wort der Liebe aus meinem Herzen erwächst.
Die Geburtsstunde des Tages ist da,
wo ein Lächeln der Natur sagt: Wir beide leben.
Die Geburtsstunde des Tages ist da,
wo ich beginne, als Mensch zu leben.
Die Geburtsstunde des Tages ist da,
wo neues Leben entsteht.

Dir, Jesus, soll der Tag gehören.
Du wirst es vollbringen.
Du bist schon vor mir da
in allen Begegnungen,
in jedem Handgriff,
in jedem Gedanken,
in jedem Gefühl.
Führe mich zu dir
und zu den Menschen,
nimm von mir
die Widerstände
und Ängstlichkeiten,
schenke Vertrauen in dich.
Amen.

Thomas Hajek

MASSLOS

Heute will ich maßlos sein, Gott,
ich will schaffen,
kreativ sein, aktiv, produktiv,
ich will wirbeln und wühlen,
ich will wissen, was ich kann,
heute leg ich es drauf an.
Nichts will ich hören von Maß und Muße,
von Selbstbeschränkung und Askese.
von Innehalten und von Besinnung.
Lass mich heute kämpfen, Gott,
für dein Reich,
für Gerechtigkeit, für Freiheit, für Leben.
Meine Leidenschaft für dich
kann ich nicht mit angezogener Handbremse leben.
Ich will nicht immer nach innen schauen.
Ich will handeln, bauen, gestalten,
jetzt – wild - mit all meiner Kraft,
jetzt, solange ich jung bin -
wie ein Tänzer auf dem Parkett,
wie eine Sprinterin auf der Rennbahn,
wie ein Rocksänger hinter dem Mikrofon.
Morgen lieber Gott,
morgen mach ich dann langsam.
Aber nicht heute!!!
Amen! Amen! Amen!

Es gibt Tage, da denke ich abends: Wäre ich doch lieber im Bett liegen geblieben. Alles ging schief! Auch wenn ich vorhin nur schwer aus den Federn gekommen bin, hoffe ich doch auf einen Tag, der besser läuft als der »Wärstdudochbesserliegengebliebentag«.
Gott, begleite mich mit Deiner Weisheit durch diesen Tag, und teile mit mir alle Mühe. Damit ich am Abend dankbar sagen kann: Es ist gut, aufgestanden zu sein, es ist gut zu leben.

GEBETE MITTEN AM TAG

Mitten in der Hektik des Tages
schließe ich meine Augen.
Wenn alles um mich herum lärmt, werde ich still.
Manchmal mache ich das so
für einen Augenblick, für ein paar Sekunden;
ich stoppe die Maschine und merke mitten am Tag.
Da ist noch was, da ist noch wer,
ich bin nicht allein.
Denn du bist mittendrin.
Vater und Bruder, Mutter und Schwester Gott, danke.
Das will ich heute einfach mal loswerden.

Du unser Gott, Vater und Mutter.
Wir glauben an dich, den Schöpfer der Welt.
Du hast uns geschaffen
als Mann und Frau,
als Brüder und Schwestern,
die einander lieb haben sollen.
Wir glauben an dich, Jesus Christus.
Bei dir fühlen wir uns geliebt, wir werden nicht abgelehnt,
nicht weggeworfen, wir werden bewahrt.
Wir glauben an dich, Heiliger Geist,
wenn wir dich in anderen Menschen finden.
Du bist der Schöpfer des Gedankens,
der Musik
und des Windes,
der Gänseblümchen,
der Marienkäfer
und der Blattläuse.
Wir danken dir, dreifaltiger Gott, dass du uns ins Leben gerufen hast.
Wir danken dir, weil du uns auch heute berufst,
miteinander und mit dir zu leben –
als dein Ebenbild. Amen.

ABENDGEBETE

Die Luft ist raus, der Tag ist zu Ende
und ich lege mich jetzt hin.
Schluss jetzt.
Ich brauche Ruhe nach all dem Stress.
Ausspannen, nach all den Kämpfen am Tag.
Jetzt wünsche ich mir Träume,
die meinen leeren Akku wieder füllen,
die mir Kraft und Ideen geben für morgen.
Wenn du mir dabei über den Weg läufst, Vater,
würd ich mich freuen.
Denn auch der Traum ist ein Ort,
wo du mir begegnest.
Segne meine Nacht mit deiner Gegenwart
und lass mich ruhig schlafen.
Amen

Lass deine Sorgen
an der Schwelle des Schlafes zurück,
alle Bitterkeit, allen Kummer,
damit du dich beim Aufwachen
nicht so müde wiederfindest,
als hättest du in den Kleidern geschlafen,
die Schuhe an den Füßen,
den Hut auf dem Kopf.

Dom Hélder Câmara

Schlafen lege ich mich,
Herr, komm und decke mich zu mit der Nacht.
Breite deine Gnade über uns aus,
wie du es verheißen hast.
Deine Verheißungen sind mehr
als alle Sterne am Himmel,
deine Gnade ist tiefer als die Nacht.
Herr, es wird kalt.
Die Nacht dieser Erde kommt,
mit einem Hauch von Tod.
Die Nacht kommt, das Ende kommt,
aber Jesus, der Christus, kommt auch.
Herr, auf den warten wir,
durch Tag und Nacht. Amen.

Aus Afrika

auch wenn ich schlafe
träume ich
hoffe ich
liegt meine seele wach
nicht einmal ich weiß was sie redet
du allein
GOTT
hörst
mein stummes nachtgebet

Philippa Kalkbrenner

DAS GANZE UNIVERSUM SPRICHT VON GOTT

Wir können es mit eigenen Augen sehen,
die Sterne, Quasare, Planeten, Galaxien,
die schwarzen Löcher und Sternensysteme
    irgendwo dazwischen kreist unser blauer Planet um die Sonne,
    umkreist vom Mond, auf dem Astronauten springen können,
    dass es eine Freude ist.
Alles liegt offen vor uns als Empfehlungsschreiben Gottes.
Als das Konzert der Schöpfung.
    Die Tage erzählen es weiter.
    Die Nächte flüstern es durch das Dunkel.
Sie brauchen keine Sprachen
und trotzdem ist es durchs ganze Universum zu hören.

Gott hat alles geschaffen:
Die Sonne als Licht im Dunkel, die Wärme und Freude schenkt
und meine Herz froh werden lässt.

Diese Sinfonie der Schöpfung muss doch für alle zu hören sein.
Alle sollen spüren: was Gott mit uns vorhat, ist das Beste, was uns passieren kann.
    Wenn ich Gottes Willen folge,
    kann mein Leben gelingen.
Trotzdem bin ich nicht vollkommen,
immer wieder geht etwas schief.
    Mir gelingt nicht alles und auch Fehler machen mein Leben aus.
    Schön, dass ich so wie ich bin von dir angenommen bin, Gott.
Du bist mein oft nachsichtiger Freund und schenkst mir die Kraft,
es immer wieder zu versuchen.
Danke, dass muss ich dir einfach ab und an mal sagen.

nach Psalm 19

Psalm 90

EIN GEBET DES MOSE, DES MANNES GOTTES

Herr, du warst unsere Zuflucht
von Geschlecht zu Geschlecht.
Ehe die Berge geboren wurden,
die Erde entstand und das Weltall, bist du, o Gott, von Ewigkeit zu Ewigkeit.
Du lässt die Menschen zurückkehren zum Staub
und sprichst: »Kommt wieder, ihr Menschen!«
Denn tausend Jahre sind für dich
wie der Tag, der gestern vergangen ist, wie eine Wache in der Nacht.
Von Jahr zu Jahr säst du die Menschen aus;
sie gleichen dem sprossenden Gras.
Am Morgen grünt es und blüht,
am Abend wird es geschnitten und welkt.
Denn wir vergehen durch deinen Zorn,
werden vernichtet durch deinen Grimm.
Du hast unsre Sünden vor dich hingestellt,
unsere geheime Schuld in das Licht deines Angesichts.
Denn all unsre Tage gehn hin unter deinem Zorn,
wir beenden unsere Jahre wie einen Seufzer.
Unser Leben währt siebzig Jahre,
und wenn es hoch kommt, sind es achtzig. Das Beste daran
ist nur Mühsal und Beschwer, rasch geht es vorbei, wir fliegen dahin.
Wer kennt die Gewalt deines Zornes
und fürchtet sich vor deinem Grimm?
Unsre Tage zu zählen, lehre uns!
Dann gewinnen wir ein weises Herz.
Herr, wende dich uns doch endlich zu!
Hab Mitleid mit deinen Knechten!
Sättige uns am Morgen mit deiner Huld!
Dann wollen wir jubeln und uns freuen all unsre Tage.
Erfreue uns so viele Tage, wie du uns gebeugt hast,
so viele Jahre, wie wir Unglück erlitten.
Zeig deinen Knechten deine Taten
und ihren Kindern deine erhabene Macht!
Es komme über uns die Güte des Herrn, unsres Gottes.
Lass das Werk unsrer Hände gedeihen, ja, lass gedeihen das Werk unsrer Hände!

TICKTACK MAL UNENDLICH

In der Uhrenfabrik wurde eine Uhr zusammengesetzt. Zur großen Überraschung des Uhrmachers begann sie auf einmal zu sprechen: »Bitte, lassen Sie es doch bleiben. Haben Sie eine Ahnung davon, wie es ist, für die nächsten Tage, Wochen, Monate, Jahre andauernd ticken zu müssen. Hunderte, Tausende, Millionen Ticktacks – ohne Unterlass. Das hält doch keiner aus. Ich schaff das nie!«

»Ach, was«, sagte der Uhrmacher, der ein ziemlich weiser Mann war. »Denk nicht an die Ticktacks, die irgendwann kommen. Denk nur an das eine, das du gerade zu erledigen hast. Du wirst sehen, das wird ein Genuss für dein Uhrenleben.«

Und tatsächlich, in dem Moment wo die Uhr zu ticken begann und sie nicht mehr an die zukünftigen Mühen dachte, begann ihr Uhrenleben richtig Spaß zu machen.

SEGEN

Ich wünsche dir Frieden,
Die Stille einer ruhigen Nacht
Und die Sanftheit des Morgens.

Ich wünsche dir einen Tag voll Harmonie
Und das Gefühl der Dankbarkeit am Abend.

Ich wünsche dir Frieden,
Den Frieden des Herrn,
Er ist Friede für alle Zeit.

Irischer Segenswunsch

6. ZEIT

Alles hat seine Stunde. Für jedes Geschehen unter dem Himmel gibt es eine bestimmte Zeit: eine Zeit zum Gebären und eine Zeit zum Sterben, eine Zeit zum Pflanzen und eine Zeit zum Abernten der Pflanzen, eine Zeit zum Töten und eine Zeit zum Heilen, eine Zeit zum Niederreißen und eine Zeit zum Bauen, eine Zeit zum Weinen und eine Zeit zum Lachen, eine Zeit für die Klage und eine Zeit für den Tanz; eine Zeit zum Steinewerfen und eine Zeit zum Steinesammeln, eine Zeit zum Umarmen und eine Zeit, die Umarmung zu lösen, eine Zeit zum Suchen und eine Zeit zum Verlieren, eine Zeit zum Behalten und eine Zeit zum Wegwerfen, eine Zeit zum Zerreißen und eine Zeit zum Zusammennähen, eine Zeit zum Schweigen und eine Zeit zum Reden, eine Zeit zum Lieben und eine Zeit zum Hassen, eine Zeit für den Krieg und eine Zeit für den Frieden.
Wenn jemand etwas tut – welchen Vorteil hat er davon, dass er sich anstrengt?
Ich sah mir das Geschäft an, für das jeder Mensch durch Gottes Auftrag sich abmüht. Gott hat das alles zu seiner Zeit auf vollkommene Weise getan. Überdies hat er die Ewigkeit in alles hineingelegt, doch ohne dass der Mensch das Tun, das Gott getan hat, von seinem Anfang bis zu seinem Ende wieder finden könnte.

Koh 3,1–11

WEISE VORAUSSICHT

Eine Schnecke brach an einem ungemütlich kalten und regnerischen Tag im Frühjahr auf, um den Stamm eines Kirschbaumes emporzuklettern. Die Spatzen auf dem Nachbarbaum sahen sie und lachten sich halbtot über ihr lahmes Gekrieche. Endlich flog ein Spatz zur Schnecke herüber und tschilpte los: »Eh, du Dummkopf, kannst du mit deinen Glubschfühlern nicht erkennen, dass auf dem Baum noch gar keine Kirschen sind?«
Die Schnecke blieb davon völlig unbeeindruckt, kroch sehr langsam weiter und sagte: »Macht nichts, bis ich da oben bin, sind welche dran.«

GEBET WIDER DEN GEIST DER ZEIT

In dieser klugen Zeit,
Herr, lass uns nicht verdummen:
Vor leerem Menschenwort
lass dein Wort nicht verstummen!

In dieser satten Zeit
lass uns nicht Hungers sterben:
Speis uns mit deinem Brot,
dass wir nicht gar verderben!

In dieser kalten Zeit
lass unsre Herzen brennen:
Lass in der Liebe stehn,
die deinen Namen nennen!

In dieser müden Zeit
gib Kraft zu neuem Werke:
Wo unser Herz verzagt,
sei du, Herr, unsre Stärke!

Lindolfo Weingärtner

**Die wichtigste Stunde ist immer die Gegenwart,
der bedeutendste Mensch immer der, der dir gerade gegenübersteht.
Und das notwendigste Werk ist immer die Liebe.**

Meister Eckhart

Meister Eckhart (um 1260–1327/28): Dominikaner, Prediger, bedeutendster deutschsprachiger Mystiker. Er machte es sich und Gott nicht leicht. Er wollte nicht weniger, als dass die menschliche Seele mit Gott eins werde. Dies nannte er die Geburt Gottes im Seelengrund. Als er dann weiterdachte, dass »Gott nicht über uns steht, sondern in uns Menschen lebt«, brachte ihm das eine Anklage vor der Inquisition ein. Seine Ankläger sind heute weitgehend vergessen.

NIMM MEINE ZEIT IN DEINE HÄNDE

Herr,
die Nacht ist hereingebrochen;
schon ist es dunkel und ruhig geworden.
Aber ich bin noch nicht fertig mit dem,
was ich heute hätte tun sollen.
Manches habe ich vergessen oder
nur nachlässig verrichtet.

Ich habe scheinbar nie genug Zeit.
Allmählich begreife ich, Herr:
Es ist ja gar nicht meine Zeit,
denn sie gehört dir.
Damals, als du den Lauf
der Himmelskörper
festgesetzt hast,
da hast du die Zeit erschaffen.

Die Sonne bestimmt den Anfang des Tages;
die Dämmerung sagt uns, dass es Zeit ist,
mit der Arbeit aufzuhören.
Außerdem gibt es die Jahreszeiten:
den neugeborenen Frühling,
den goldenen Herbst.

Lehre mich, Herr,
meine Zeit zur deinen zu machen,
dass ich die Dinge tue,
die ich tun soll:
andere trösten,
auf die Not und
die sonstigen Dinge
um mich herum achten.

In diesen Dingen, Herr,
werde ich die Ruhe finden,
so dass ich mitten in all meiner
Geschäftigkeit doch noch Zeit habe,
um mich mit dir zu unterhalten.

Dir, o Gott,
übergebe ich meine Zeit,
die ja eigentlich deine Zeit ist.
Ich hoffe,
du wirst diese meine Bitte erhören.
Amen.

Aus Taiwan

AM TAG UND ZUR NACHT
GOTT IST UNSERE ZUVERSICHT UND STÄRKE

Gott ist unsere Zuversicht und Stärke,
er hilft uns, wenn wir nicht mehr weiter wissen.
Wir brauchen keine Angst zu haben,
selbst wenn die Welt unterginge
und kein Stein auf dem anderen bliebe.
Denn dort, wo Gott wohnt,
bleibt auch die Freude.
Dort, wo Gott wohnt,
wohnt auch das Leben.
Gott ist bei uns,
egal wie früh oder spät es ist.
Wer es begreifen kann, begreife es.
Wer es nicht glaubt, kann es auch nicht ändern.
Auch wenn es manchmal schwerfällt zu glauben,
die Hoffnung auf Gott macht unser Leben stark.
Vor Gottes Augen vergeht alles,
was meint, ohne ihn auszukommen.
Werden wir still, um ihn zu entdecken.
Werden wir still, um seine Größe zu ahnen.
Am Ende wird er mit seinem Frieden siegen.
Seinem Frieden, der alles andere überdauern wird.

nach Psalm 46

Psalm 145

EIN LOBLIED DAVIDS

Ich will dich rühmen, mein Gott und König,
und deinen Namen preisen immer und ewig;
ich will dich preisen Tag für Tag
und deinen Namen loben immer und ewig.
Groß ist der Herr und hoch zu loben,
seine Größe ist unerforschlich.
Ein Geschlecht verkünde
dem andern den Ruhm deiner Werke
und erzähle von deinen gewaltigen Taten.
Sie sollen vom herrlichen Glanz
deiner Hoheit reden;
ich will deine Wunder besingen.
Sie sollen sprechen von der Gewalt
deiner erschreckenden Taten;
ich will von deinen großen Taten berichten.
Sie sollen die Erinnerung
an deine große Güte wecken
und über deine Gerechtigkeit jubeln.
Der Herr ist gnädig und barmherzig,
langmütig und reich an Gnade.
Der Herr ist gütig zu allen,
sein Erbarmen waltet
über all seinen Werken.
Danken sollen dir, Herr, all deine Werke
und deine Frommen dich preisen.
Sie sollen von der Herrlichkeit
deines Königtums reden,
sollen sprechen von deiner Macht,
den Menschen deine machtvollen Taten verkünden
und den herrlichen Glanz deines Königtums.
Dein Königtum ist ein Königtum für ewige Zeiten,
deine Herrschaft währt
von Geschlecht zu Geschlecht.

Der Herr ist treu in all seinen Worten,
voll Huld in all seinen Taten]
Der Herr stützt alle, die fallen,
und richtet alle Gebeugten auf.
Aller Augen warten auf dich
und du gibst ihnen Speise
zur rechten Zeit.
Du öffnest deine Hand
und sättigst alles, was lebt,
nach deinem Gefallen.
Gerecht ist der Herr in allem,
was er tut,
voll Huld in all seinen Werken.
Der Herr ist allen,
die ihn anrufen, nahe,
allen, die zu ihm
aufrichtig rufen.
Die Wünsche derer,
die ihn fürchten, erfüllt er,
er hört ihr Schreien
und rettet sie.
Alle, die ihn lieben,
behütet der Herr,
doch alle Frevler
vernichtet er.
Mein Mund verkünde
das Lob des Herrn.
Alles, was lebt,
preise seinen heiligen Namen
immer und ewig!

EIN GLEICHNIS ÜBER DAS MODERNE LEBEN

Die Tiere hielten eine Versammlung ab und begannen, sich darüber zu beklagen, dass die Menschen ihnen immer wieder Dinge wegnahmen. »Sie nehmen meine Milch«, sagte die Kuh. »Sie nehmen meine Eier«, sagte die Henne. »Sie nehmen mein Fleisch und machen Speck daraus«, sagte das Schwein. »Sie machen Jagd auf mich wegen meines Öls«, sagte der Wal. Und so ging es fort. Schließlich sprach die Schnecke: »Ich habe etwas, was sie gerne hätten und zwar mehr als alles andere. Etwas, was sie mir gern wegnähmen, wenn sie könnten. Ich habe ZEIT.«

Anthony de Mello

SEGEN

Herr, segne meine Hände,
dass sie behutsam seien,
dass sie halten können,
ohne zur Fessel zu werden,
dass sie geben können ohne Berechnung,
dass ihnen innewohne
die Kraft zu trösten und zu segnen.

Herr, segne meine Ohren,
dass sie deine Stimme
zu erhorchen vermögen,
dass sie hellhörig seien
für die Stimme der Not,
dass sie verschlossen seien
für den Lärm und das Geschwätz,
dass sie das Unbequeme nicht überhören.

Herr, segne meine Augen,
dass sie Bedürftigkeit wahrnehmen,
dass sie das Unscheinbare nicht übersehen,
dass sie hindurchschauen
durch das Vordergründige,
dass andere sich wohlfühlen können
unter meinem Blick.

Herr, segne meinen Mund,
dass er dich bezeuge,
dass nichts von ihm ausgehe,
was verletzt und zerstört,
dass er heilende Worte spreche,
dass er Anvertrautes bewahre.

Herr, segne mein Herz,
dass es Wohnstatt sei deinem Geist,
dass es Wärme schenken und bergen kann,
dass es reich sei an Verzeihung,
dass es Leid und Freude teilen kann.

Antje Sabine Naegeli

DIE GEFAHREN

Jetzt aber – so spricht der Herr, der dich geschaffen hat,
Jakob, und der dich geformt hat, Israel:
Fürchte dich nicht, denn ich habe dich ausgelöst,
ich habe dich beim Namen gerufen, du gehörst mir.
Wenn du durchs Wasser schreitest, bin ich bei dir,
wenn durch Ströme, dann reißen sie dich nicht fort.
Wenn du durchs Feuer gehst, wirst du nicht versengt,
keine Flamme wird dich verbrennen.
Denn ich, der Herr, bin dein Gott,
ich, der Heilige Israels, bin dein Retter.

Jes 43, 1–3a

SEGEN UND SEGNEN – KRAFT SCHÖPFEN, KRAFT SCHENKEN

SEGNEN KANN JEDER

Wenn die Mutter ihrem Kind am Abend ein Kreuz auf die Stirn macht, segnet sie. Wenn der Pfarrer am Ende des Gottesdienstes den Segen spricht, segnet er. Oft segnen sich Menschen gegenseitig. Das kann und darf jeder und es ist eines des schönsten Symbole für die Gemeinschaft von Gott und Mensch, das wir haben.

Ein Segen drückt aus: ›Ich wünsche dir, dass es Gott gut mit dir meint, dass er bei dir ist, dich schützt und dir Kraft gibt.‹ Wenn wir zu Gott beten, hoffen wir, dass er bei uns ist. Wenn wir segnen, hoffen wir, dass Gott auch bei allen ist, die wir segnen.

»Ihr sollt ein Segen sein«, heißt es in der Bibel. Wenn wir zum Segen werden, bedeutet das, dass auch durch unser Tun Gott in der Welt wirkt; dass wir die Kraft haben, diese Welt besser zu machen als sie ist. Dafür können wir Gottes Segen gut gebrauchen. Und da ist es ein schönes und starkes Zeichen, wenn wir uns diesen Segen auch gegenseitig zusprechen.

DER BLINDE VON JERICHO

Als Jesus in die Nähe von Jericho kam, saß ein Blinder an der Straße und bettelte. Er hörte, dass viele Menschen vorbeigingen, und fragte: Was hat das zu bedeuten? Man sagte ihm: Jesus von Nazaret geht vorüber. Da rief er: Jesus, Sohn Davids, hab Erbarmen mit mir! Die Leute, die vorausgingen, wurden ärgerlich und befahlen ihm zu schweigen. Er aber schrie noch viel lauter: Sohn Davids, hab Erbarmen mit mir!
Jesus blieb stehen und ließ ihn zu sich herführen. Als der Mann vor ihm stand, fragte ihn Jesus: Was soll ich dir tun? Er antwortete: Herr, ich möchte wieder sehen können. Da sagte Jesus zu ihm: Du sollst wieder sehen. Dein Glaube hat dir geholfen. Im gleichen Augenblick konnte er wieder sehen. Da pries er Gott und folgte Jesus. Und alle Leute, die das gesehen hatten, lobten Gott.

Lk 18,35–43

7. AUSGEPOWERT

DER PRÜFSTEIN

Man sagt, nur ein Buch der großen Bibliothek von Alexandria habe den Brand unversehrt überstanden. Es war ein ganz gewöhnliches Buch, langweilig und uninteressant, so dass es für ein paar Pfennige einem armen Mann verkauft wurde, der kaum lesen konnte. Dieses Buch war aber, wenn auch langweilig und uninteressant, wahrscheinlich das wertvollste Buch der Welt, denn auf der hintersten Innenseite des Schutzumschlages waren in großen klaren Buchstaben ein paar Sätze hingekritzelt, die das Geheimnis des »Prüfsteins« enthielten – eines winzigen Kieselsteines, der alles, mit dem er in Berührung kam, in pures Gold verwandelte.
Aus diesen Sätzen ging hervor, dass dieser kostbare Kieselstein irgendwo an der Schwarzmeerküste lag unter Tausenden ähnlicher Kieselsteine mit dem einzigen Unterschied, dass dieser sich warm anfühlte, als ob er lebendig wäre, während alle anderen kalt in der Hand lagen. Der Mann freute sich über sein Glück. Er verkaufte alles, was er hatte, borgte sich eine große Summe Geld, die ein Jahr reichen würde, und reiste ans Schwarze Meer, schlug ein Zelt auf und machte sich daran, in mühevoller Arbeit den Prüfstein zu suchen.
Er ging folgendermaßen vor: Er hob einen Kieselstein auf, und wenn er sich kalt anfühlte, warf er ihn nicht etwa zurück, denn dann würde er vielleicht denselben Stein dutzendmal aufheben, nein, er warf ihn ins Meer. Jeden Tag verbrachte er Stunden in seinem geduldigen Bemühen: Stein aufheben, wenn er sich kalt anfühlte, ins Meer werfen; einen anderen aufheben ... und so weiter, unentwegt. So verbrachte er eine Woche, einen Monat, zehn Monate, ein ganzes Jahr. Dann borgte er sich wieder Geld und hielt auf diese Weise noch einmal zwei Jahre durch. Immer das gleiche: Stein aufheben, befühlen, wenn er kalt war, ins Meer. Stunde um Stunde, Tag um Tag, Woche um Woche - kein Prüfstein war darunter. Eines Abends hob er einen Kieselstein auf, er fühlte sich warm an, und aus purer Gewohnheit warf er ihn zurück ins Schwarze Meer.

Anthony de Mello

Anthony de Mello (1931–1987): indischer Jesuit und Mystiker. Er erzählte und sammelte Geschichten, die von der Suche nach Wahrheit, von Glück und Stille, von Gott und seinen manchmal ganz schön begrenzten Geschöpfen handeln. »Die kürzeste Entfernung zwischen einem Menschen und der Wahrheit ist eine Geschichte.« Seine Geschichten erzählen in einer Sprache von Gott, die jeder verstehen kann. Dabei ist dieser Gott keineswegs todernst; einer der argwöhnisch darauf lauert, dass seine Geschöpfe Fehler machen, für die er sie bestrafen kann. Nein, Gott ist ein Gott, der auch lachen kann.

Mein Gott, ob du mich hörst?
Ich hab mich versteckt, schau her!
Ich bin verloren, gehst du mir nach?
Ich bin im Finstern, hast du ein Licht für mich?
Mir ist kalt, ist dein Mantel warm?
In meinem Herzen rührt sich nichts mehr.
Weißt du noch, wie freudig es schlug, von Leben voll, ehedem?
Wirst du wieder der Funke sein, der aus meinen Augen leuchtet?
Ohne dich bin ich trübe, doch in der Freude – Freude bist du.

Gebet einer Schülerin

IRRWEGE?

Du täuschst dich, wenn du meinst,
dein Weg könnte ohne Windungen verlaufen.

Du täuschst dich, wenn du meinst, der Weg verliert sich,
weil so viele Dinge dich nicht sehen lassen, wohin er führt,

Wenn du meinst, der Weg sei lang genug gewesen,
du könntest dich hinsetzten,
ausruhen und schlafen,
täuschst du dich.

Wenn du meinst, du seist in einer Sackgasse,
und es erwarte dich niemand am Ende des Weges,
täuschst du dich erst recht.

Du täuschst dich ebenso, wenn du meinst,
ein Gott müsse den Weg unter deinen Füssen glätten.
Du täuschst dich auch, wenn du meinst, die anderen müssten
einen weniger holprigen und mit Steinen besäten Weg gehen als du.

Geh, lass dich von dem führen, was für dich wesentlich ist!
Geh deinen Weg, und wenn du kannst, pfeife und singe.

Bleib unterwegs!

CREDO

Ich glaube an jesus christus,
der recht hatte als er
»ein einzelner der nichts machen kann«
genau wie wir
an der veränderung aller zustände arbeitete
und darüber zugrunde ging
an ihm messend erkenne ich
wie unsere intelligenz verkrüppelt
unsere fantasie erstickt
unsere anstrengung vertan ist
weil wir nicht leben wie er lebte
jeden tag habe ich angst
dass er umsonst gestorben ist
weil er in unseren kirchen verscharrt ist
weil wir seine revolution verraten haben
in gehorsam und angst
vor den behörden
ich glaube an jesus christus
der aufersteht in unser leben
dass wir frei werden
von vorurteilen und anmaßung
von angst und hass
und seine revolution weitertreiben
auf sein reich hin

Dorothee Sölle

Dorothee Sölle (1929-2003): weltweit eine der bekanntesten und umstrittensten Theologinnen. Ihr Glauben war »geprägt von dem Bewusstsein, (...) nach Auschwitz zu leben«. Sie kam zu dem Schluss, wenn Gott selbst bei unvorstellbaren Grausamkeiten nicht eingreift und nichts tun kann, hat Gott »keine anderen Hände als unsere.« Stark wurde sie von der Befreiungstheologie Lateinamerikas geprägt. Dabei blieb ihre Theologie mit beiden Beinen auf der oft ungerechten Erde und forderte politisches Engagement und das Eintreten für soziale Gerechtigkeit geradezu heraus.

Lieber Gott,
oft komme ich mir vor wie ein Spielball.
Man wirft mich hin und her, je nach Laune.
Man wirft mich fort,
man nimmt mich wieder auf,
man lässt mich irgendwo in der Ecke liegen,
man beachtet mich nicht,
man stolpert über mich hinweg,
man gibt mir einen Tritt,
man greift nach mir, hält mich fest,
überlässt mich fremden Händen.
Herr, mein Gott,
warum werden wir Menschen
wie Spielbälle behandelt?
Muss das so sein?
Wäre es nicht denkbar,
dass Menschen einander liebevoller begegneten,
einander zärtlicher behandelten?
Lieber Gott, denk daran,
wie schwer es ist für Menschen,
wie Spielbälle herumgeworfen,
wie Abfall weggeworfen zu werden.
Nimm dich der Menschen an!
Herr, mein Gott, lehre uns,
dass wir uns einander nicht länger
wie Spielbälle behandeln,
sondern Achtung haben voreinander. . .

Schulmädchen aus dem Libanon

**Herr, ich brauche dich jeden Tag.
Gib mir die Klarheit des Gewissens,
die dich fühlen
und begreifen kann.
Meine Ohren sind taub,
ich kann deine Stimme
nicht vernehmen.
Meine Augen sind trüb,
ich kann deine Zeichen
nicht sehen.
Du allein kannst
meine Ohren schärfen
und meinen Blick klären,
mein Herz reinigen
und erneuern.
Lehre mich,
zu deinen Füßen zu sitzen
und auf dein Wort zu hören.**

John Henry Newman

John Henry Newman (1801–1890): Universitätslehrer, anglikanischer Priester, katholischer Kardinal. Das Gewissen war für ihn der zentrale Ort der Gotteserfahrung. Diese Gotteserfahrung fordert klare Entscheidungen. Dazu gehören: eine Zeit des Prüfens und Nachdenkens, keine Angst vor Einsamkeit, sowie die Kraft, klare Konsequenzen zu ziehen. Das Gewissen ist weder an den Zeitgeist noch an Autoritäten delegierbar. Es bildet sich im Nachdenken und findet logische Begründungen. Es taugt nicht als Ausrede, wenn sonst die Argumente fehlen.

KANNST DU MICH NOCH HÖREN?
Mein Gott, mein Gott, warum hast du mich verlassen?

Gott, mein Gott,
warum nur lässt du dich nicht blicken?
Ich suche dich, ich bete doch schon
ich schreie und es ist zum Heulen.
Du bleibst still.
Alles bleibt still.
Ich suche dich am Tag – keine Antwort.
Ich suche dich in der Nacht – Reaktion gleich null.
Und dann steht in der Bibel,
du warst immer dabei und mittendrin.
Wieso bei den anderen, wieso damals?
Warum nicht hier bei mir, warum nicht jetzt und heute?
Bin ich dir zu klein und zu unbedeutend?
Eine Null, ein Nichts, ein Spinner?
Manchmal glaube ich, die anderen starren mich schon so an.
Sie gaffen und halten mich insgeheim für bescheuert,
dass ich noch an dir festhalte.
Dabei warst du doch dabei,
als meine Mutter mich zur Welt brachte.
So wie ich mich als Baby an sie schmiegte,
so sicher und geborgen möchte ich mich bei dir fühlen.
Wenn ich mir etwas wünschen darf, dann das:
Nimm die Angst von mir, die mich packen will.
Dass ich nicht glauben muss, dass alles sinnlos ist.
Dass es mir nicht die Kehle abschnürt, wenn ich von dir sprechen will.
Wenn du mir zuhören solltest,
öffne meine Sinne und mache mir Mut.
Denn ich will doch von dir reden,
will dich gern bekennen, zu dir zu gehören,
mit all den anderen, die an dich glauben,
und denen es doch genauso schwerfällt wie mir.
Mit allen möchte ich wieder einstimmen können in den großen Jubel.
Es ist großartig, dass es dich gibt, gestern, heute und morgen.

nach Psalm 22

Psalm 12

EIN PSALM DAVIDS

Hilf doch, o Herr, die Frommen schwinden dahin,
unter den Menschen gibt es keine Treue mehr.
Sie lügen einander an, einer den andern,
mit falscher Zunge und zwiespältigem Herzen reden sie.
Der Herr vertilge alle falschen Zungen,
jede Zunge, die vermessen redet.
Sie sagen: »Durch unsre Zunge sind wir mächtig;
unsre Lippen sind unsre Stärke. Wer ist uns überlegen?«
Die Schwachen werden unterdrückt, die Armen seufzen.
Darum spricht der Herr: »Jetzt stehe ich auf,
dem Verachteten bringe ich Heil.«
Die Worte des Herrn sind lautere Worte,
Silber, geschmolzen im Ofen,
von Schlacken geschieden, geläutert siebenfach.
Du, Herr, wirst uns behüten
und uns vor diesen Leuten für immer erretten,
auch wenn die Frevler frei umhergehen
und unter den Menschen die Gemeinheit groß wird.

DREI ANTWORTEN

Drei Bauarbeiter waren dabei, Steine zu behauen, als ein Fremder zu ihnen trat und den ersten Arbeiter fragte: »Was tun Sie da?« »Sehen Sie das denn nicht?«, meinte der und sah nicht einmal auf. »Ich behaue Steine!« »Und was tun Sie?«, fragte der Fremde den zweiten. Seufzend antwortete der: »Ich muss Geld verdienen, um für meine Familie Brot zu beschaffen. Meine Familie ist groß.« Der Fremde fragte auch den dritten: »Was tun Sie da?« Dieser blickte hinauf in die Höhe und antwortete leise und stolz: »Ich baue einen Dom.«

SEGEN

Halte immer dem Gegenwind stand,
auch wenn er dir ins Gesicht bläst
und du meinst, aufgeben zu müssen.

Bleibe fest und gehe ihm immer wieder entgegen –
vielleicht auf anderen Pfaden und in neuen Schuhen.

Irischer Segenswunsch

8. ANGST

Plötzlich erhob sich ein heftiger Wirbelsturm, und die Wellen schlugen in das Boot, sodass es sich mit Wasser zu füllen begann. Jesus aber lag hinten im Boot auf einem Kissen und schlief. Sie weckten ihn und riefen: Meister, kümmert es dich nicht, dass wir zugrunde gehen? Da stand er auf, drohte dem Wind und sagte zu dem See: Schweig, sei still! Und der Wind legte sich und es trat völlige Stille ein. Er sagte zu ihnen: Warum habt ihr solche Angst? Habt ihr noch keinen Glauben? Da ergriff sie große Furcht und sie sagten zueinander: Was ist das für ein Mensch, dass ihm sogar der Wind und der See gehorchen?

Mk 4,37–41

WEITER ALS DIE ANGST

Die Soldaten trieben unbewaffnete Frauen und Männer in das Stadion. Angst ergriff die wehrlos Zusammengepferchten. Da nahm ein Mann einen Zettel und begann zu schreiben. Alle schauten gebannt, als vor ihren Augen ein Gedicht entstand. »Was ist das hier«, brüllte ein Offizier. Er riss dem Dichter das Papier aus der Hand und zerfetzte es. »Worte der Liebe«, antwortete der Dichter. Der Offizier hieb ihm sein Gewehr in den Rücken. »Was Liebe ist, bestimmen wir!«, schrie er beim Weggehen. Da nahm der Dichter seine Gitarre und spielte. Langsam löste die Melodie die Angst. Als die ersten zu singen begannen, stürmte ein Trupp Soldaten zu dem Spieler. Sie zertraten die Gitarre und schlugen ihn zusammen. »Was hast du da zu spielen«, schrie ihr Anführer. »Eine Melodie der Hoffnung«, antwortete der Sänger. »Was gehofft wird, bestimmen wir«, sagte drohend der Offizier und ließ dem Gitarristen die Handgelenke brechen. Da begann der Mann zu singen. Klar und schön schwebte seine Stimme über allen im Stadion. Ein Lied, das vom Glauben an die Menschen sang und von der Unmöglichkeit, Hoffnung und Liebe zu zerstören. Viele fassten sich an den Händen und wiegten sich zur Melodie. Fragend schauten die Soldaten zu ihrem Anführer. Einige senkten die Waffen. Da griff der Offizier zu seinem Gewehr und schoss. Die Soldaten zerrten die Leiche des Sängers weg und schmissen sie in eine Grube. Seine Melodie aber klang in allen weiter, die sie gehört hatten.

Víctor Jara (1932–1973), von dem diese Geschichte erzählt, war der wohl bedeutendste chilenische Liedermacher. Nach zwei Jahren Theologiestudium wandte er sich vom christlichen Glauben ab und wurde Kommunist. Der Glauben muss diese Welt verändern, war seine feste Überzeugung. Dazu wollten seine Lieder Mut machen. Diese Ansicht wurde von vielen Christen nicht geteilt. Als in Chile das Militär putschte, wurde er umgebracht. Im Jahr 2003 wurde das Stadion in Santiago nach ihm benannt.

Lass mich nicht beten, behütet zu sein vor Gefahren,
  sondern sie furchtlos zu bestehen.
Lass mich nicht beten um Stillung meines Schmerzes,
  sondern um das Herz, das ihn besiegt.
Lass mich nicht ausschauen nach Bundesgenossen auf dem Schlachtfeld des Lebens,
  sondern vertrauen auf eigene Kraft.
Lass mich nicht in banger Furcht um Rettung flehen,
  sondern um Ausdauer, im Ringen um die Freiheit.
Lass nicht zu, dass ich ein Feigling sei, der nur im Erfolg deine Gnade fühlt,
  sondern lass mich auch in meinem Misslingen das Walten deiner Hand erkennen.

Rabindranath Tagore

WIE DIE MÄNNER IM BOOT AUF DEM SEE

Schlafend hast du gelegen,
im Sturm, als alle um ihr Leben zitterten.
Und warst leicht angesäuert, als sie dich weckten.
Konntest dir nicht vorstellen,
wo diese Kleingläubigen all ihren Mut gelassen hatten.

Diese Kleingläubigen waren deine Jünger.
Sie waren Tag und Nacht bei dir.
Und wir sollen nicht zweifeln, fragen, hoffen dürfen?
Wir – hunderte Jahre später,
selten im Boot um unser Leben zitternd,
doch dem ewigen Leben weniger als gewiss.

Schenke uns, wie den Jüngern damals,
ein Zeichen deiner Gegenwart.
Stille den Sturm um uns,
gebiete den Wassern,
sieh uns unseren Kleinglauben nach;
wir sind schließlich auch nur Menschen.

GEH WEITER!

Wenn die dunklen Schatten der Angst dich umhüllen,
dem Schritt die Kraft nehmen, deinem Auge das Licht, geh weiter.
Denn Christus geht mit dir.

Wenn die Wolken der Unsicherheit und des Nichtwissens
dich lahmen wollen, geh weiter. Christus wird dich leiten.

Wenn das Leid, das um dich lebt und das in dir lebt,
schmerzt wie glühende Kohlen, geh weiter, auch im Schmerz.
Denn Christus leidet mit in deinem Schmerz.

Wenn Gräben dich hinabziehen in ihre bergenden Tiefen,
begrabenes Wünschen, begrabenes Hoffen, wähle den Weg und geh weiter.
Christus steht in dir auf.

Wenn die Stimmen, die Klagen, die Fragen wie eine Woge sich dir entgegenwälzen
und drohen, dich zu ersticken, nimm den Boden wahr unter dir und geh weiter.
Christus wird dich tragen.

Wenn der Nebel der Sinnlosigkeit jegliche Orientierung vereitelt, geh weiter, trotzdem.
Christus stellt deine Füße wieder auf sichere Wege.

Auch wenn das Gift der Verzweiflung sich einnisten will in deinen Gliedern, bitte geh weiter,
weiter deinem unsichtbaren Ziel entgegen. Du trägst es als Ahnung in dir,
als stilles Wissen, das in dir ruht, tief, sehr tief, da wo Christus in dir ruht, seit Urzeiten,
der sich entfalten will in dir mit jedem Schritt, den du wagst.

Nimm es auf dich, dieses Leben. Geh hindurch und geh weiter.
Und schütze die Flamme des Hoffens in dir, des Vertrauens, des Glaubens.
Sie ist Christus, der in dir brennt.

Auch wenn es nur noch ein glimmender Docht ist, den du schon erloschen glaubst,
ein Hauch nur wird es sein, der neues Leben in dir entfacht.
Vielleicht bringt der nächste Schritt dir diesen Hauch,
den Atem des Lebens, den Christus in dir atmet.

Ich will bei der Wahrheit bleiben.
Ich will mich keiner Ungerechtigkeit beugen.
Ich will frei sein von Furcht.
Ich will keine Gewalt anwenden.
Ich will in jedem zuerst das Gute sehen.
Mahatma Gandhi

HERR, ÖFFNE MICH WIE EINE KNOSPE

Herr, oft bin ich
verschlossen,
fest verschlossen
und mag nicht hören
und will nicht sehen,
was um mich herum vorgeht.

Ich ziehe mich ganz
in mich zurück
und werde verkrampft
und scheu.
Die Angst,
etwas Verkehrtes zu tun
oder zu sagen,
die Angst,
ausgelacht und nicht
ernst genommen zu werden,
führt oft dazu,
dass ich mich einschließe,
klein und hart werde,
wie eine Knospe ...

Herr, dann ist es nötig,
dass du mir hilfst.
Dann brauche ich
deine Liebe, dein Licht,
deine wärmende Sonne,
die mich wieder
aus mir herauslockt,
dass ich wieder frei atmen
und mich wie eine Blüte
entfalten kann.

Herr, öffne mich
durch deinen Geist
wie eine Knospe.

Gott, zu dir rufe ich am frühen Morgen
hilf mir beten und meine Gedanken sammeln;
ich kann es nicht allein.
In mir ist es finster, aber bei dir ist Licht
ich bin einsam, aber du verlässt mich nicht
ich bin kleinmütig, aber bei dir ist die Hilfe
ich bin unruhig, aber bei dir ist Frieden
in mir ist Bitterkeit, aber bei dir ist die Geduld
ich verstehe deine Wege nicht,
aber du weißt den rechten Weg für mich.

Dietrich Bonhoeffer

Dietrich Bonhoeffer (1906–1945): evangelischer Theologe, der aktiv gegen die Barbarei des Nationalsozialismus Widerstand leistete und kurz vor Kriegsende auf Befehl Hitlers erhängt wurde. Durch die Begegnung mit Menschen, die sich an keine KIrche gebunden fühlten und doch genug Mut und Zivilcourage aufbrachten, sich gegen die Nazis und für die Freiheit einzusetzen, kam er zur Erkenntnis, dass auch eine »weltliche Interpretation« der Botschaft Jesu möglich ist. Denn die »Wirklichkeit Gottes erweist sich auch im rechten Tun.«

Lass mich nicht stranden an den Sandbänken
und mich nicht verschlingen
von den unbekannten Tiefen des Meeres.
Nimm das Ruder in deine Hand.

aus Irland

Die Welt wäre unerträglich, wenn Gott nur ein Licht hätte.
Aber wir können uns trösten, er hat zwei Lichter.
Eines, das in der Helligkeit des Tages den Weg weist,
wenn Hoffnungen erfüllt werden und alles uns wohlgesinnt ist.
Und ein anderes, das uns durch die Dunkelheit der Nacht leitet,
wenn wir niedergeschlagen sind und Schwermut und
Hoffnungslosigkeit in uns erwachen.

Martin Luther King

DU WEISST, WAS MIR FEHLT

Komm an meine Seite, mein Gott.
Das Wasser steht mir bis zum Hals,
    mir ist, als ob ich versinke
    und keinen Halt mehr finde.
Meine Stimme ist heiser, so viel habe ich geschrieen.
Meine Augen suchen und finden dich schon lange nicht mehr.
    Die anderen verspotten mich
    und halten meinen Glauben für Hirngespinste.
Wenn ich von dir rede, halten sie mich für einen Spinner.
Wenn ich Dinge anders sehe, meinen sie, ich sei von gestern.
    Ich will dich nicht nerven, aber hör mir mal zu.
    Zeig mir irgendwas, dass ich wieder Sicherheit und Halt finde.
Warum kannst du nicht mal Donner und Blitz unter die Spötter werfen,
damit ihnen ihr dämliches Lachen vergeht?
    Ja, Herr, ich weiß, es ist nicht deine Art, mit den Muskeln zu spielen,
    aber manchmal würde ich es mir wünschen.
Und trotzdem will ich dich loben,
hilf mir, dass ich all die dummen Sprüche aushalte.
    Ich singe dir mein Lied, höre du die Melodie.
    Dich loben doch Himmel und Erde.
Wenn ich frustriert und fertig bin, du verstehst mich.
Wenn keiner mich versteht, du nimmst mich an.
    Deshalb will ich dir danken und dich bitten:
    Bleib an meiner Seite.

nach Psalm 69

Psalm 42

EIN WEISHEITSLIED DER KORACHITER

Wie der Hirsch lechzt nach frischem Wasser,
so lechzt meine Seele, Gott, nach dir.
Meine Seele dürstet nach Gott,
nach dem lebendigen Gott. Wann darf ich kommen
und Gottes Antlitz schauen?
Tränen waren mein Brot bei Tag und bei Nacht;
denn man sagt zu mir den ganzen Tag:
»Wo ist nun dein Gott?«
Das Herz geht mir über, wenn ich daran denke:
wie ich zum Haus Gottes zog in festlicher Schar,
mit Jubel und Dank in feiernder Menge.
Meine Seele, warum bist du betrübt
und bist so unruhig in mir?
Harre auf Gott; denn ich werde ihm noch danken,
meinem Gott und Retter, auf den ich schaue.
Betrübt ist meine Seele in mir, darum denke ich an dich
im Jordanland, am Hermon, am Mizar-Berg.
Flut ruft der Flut zu beim Tosen deiner Wasser,
all deine Wellen und Wogen gehen über mich hin.
Bei Tag schenke der Herr seine Huld;
ich singe ihm nachts und flehe zum Gott meines Lebens.
Ich sage zu Gott, meinem Fels:
»Warum hast du mich vergessen?
Warum muss ich trauernd umhergehen,
von meinem Feind bedrängt?«
Wie ein Stechen in meinen Gliedern
ist für mich der Hohn der Bedränger;
denn sie rufen mir ständig zu: »Wo ist nun dein Gott?«
Meine Seele, warum bist du betrübt
und bist so unruhig in mir? Harre auf Gott;
denn ich werde ihm noch danken,
meinem Gott und Retter, auf den ich schaue.

DIE BLAUE AMPEL

Man erzählt sich, die Ampel auf dem Domplatz in Mailand
stellte eines Tags all ihre Lichter auf blau.
Soll man gehen? Soll man stehn? Soll man fahrn oder warten?
Was soll blau nur bedeuten? Daraus wurde keiner schlau!

Dieses Blau war noch schöner als der Mailänder Himmel.
Wie die Tinte des Dichters für ein Frühlingsgedicht.
Wie ein Kirchenglasfenster, von der Sonne erleuchtet.
Lapislapuzliblau mit etwas Wasser vermischt.

Doch die Leute verfluchten das Verkehrsministerium,
die Regierung, die UNO, überhaupt diese Welt.
Ein Verkehrspolizist blies die Pfeife und tobte.
Und ein Andrer hat schnell ihren Strom abgestellt.

Doch bevor sie erlosch, dachte die blaue Ampel:
»Ach ihr Armen, sicher hat euch noch keiner erzählt,
blau bedeutet: Die Straße ist jetzt frei in den Himmel.
Wenn ihr wollt, könnt ihr fliegen, falls der Mut euch nicht fehlt.«

Gerhard Schöne

SEGEN

Gott gebe dir
für jeden Sturm einen Regenbogen,
für jede Träne ein Lachen,
für jede Sorge eine Aussicht
und eine Hilfe in jeder Schwierigkeit.

Für jedes Problem, das das Leben schickt,
einen Freund, es zu teilen,
für jeden Seufzer ein schönes Lied
und eine Antwort auf jedes Gebet.

Irischer Segenswunsch

9. TOD & AUFERSTEHUNG

DIE HEILUNG DES MÄDCHENS

Während Jesus so mit ihnen redete, kam ein Synagogenvorsteher, fiel vor ihm nieder und sagte: Meine Tochter ist eben gestorben; komm doch, leg ihr deine Hand auf, dann wird sie wieder lebendig.
Als Jesus in das Haus des Synagogenvorstehers kam und die Flötenspieler und die Menge der klagenden Leute sah, sagte er: Geht hinaus! Das Mädchen ist nicht gestorben, es schläft nur. Da lachten sie ihn aus. Als man die Leute hinausgedrängt hatte, trat er ein und fasste das Mädchen an der Hand; da stand es auf.

Mt. 9,18.23–25

MIT MÖBELN REISEN

Im 19. Jahrhundert bekam der polnische Rabbi Hofetz Chaim Besuch von einem Amerikaner. Völlig erstaunt war dieser, als er sah, dass der berühmte Rabbi nur in einem einfachen Zimmer wohnte. Ein paar Bücher lagen herum. Das einzige Mobiliar waren ein Tisch und eine Bank. »Rabbi, wo sind Ihre Möbel?«, fragte der Amerikaner.
»Wo sind denn Ihre?«, erwiderte Hofetz. »Meine Möbel? Aber ich bin doch nur zu Besuch hier«, sagte der Gast. »Ich bin auf der Durchreise.« »Genau wie ich«, erwiderte Rabbi Chaim.

Chassidische Geschichte

AM ENDE MEINER TAGE

Am Ende meiner Tage
werde ich eingestehen müssen,
dass der Weg schwer war
und die Hoffnung mich oft verlassen hat.
Müde werde ich sein vom Leben
mit all seiner Last.
Dennoch, keinen Zweifel wird es geben,
dass ich dem Wunderbaren begegnet bin,
dem Glanz der Sonne auf dem weiten Meer,
dem Rauschen der Wellen,
dem Duft der Heckenrosen,
der Zärtlichkeit,
dem Lachen
und mehr noch, vieles mehr.
Dies will ich bitten, großes Du,
dass das Bittere mit meinem Leib
zu Staub zerfalle,
die Freude aber lass zurückbleiben
in den Herzen derer,
die ich lieb habe.

Antje Sabine Naegeli

Man soll nicht fragen:
Was wird und kann noch kommen?
Sondern sagen: Ich bin gespannt,
was Gott jetzt noch mit mir vorhat.

Selma Lagerlöf

DEN TOD VERSTEHEN WOLLEN

Herr,
wir können den Tod
nicht verstehen.
Es ist so schwer einfühlbar,
dass das Leben plötzlich abbricht,
seine Bewegung
unvermittelt ausläuft;
dass unser Herz
aufhört zu wünschen,
zu hoffen, zu lieben.
Wir stehen betroffen,
hilflos da,
wenn ein Mensch stirbt.
Ohnmächtig, ohne zu begreifen,
dass alles, was an ihm lebt,
plötzlich erstarrt,
und nichts an ihm mehr
Antwort geben kann.
Du, Herr, hast einmal
toten Menschen die Hand gegeben,
bist ihnen begegnet,
und ihr Leben ist nochmals aufgebrochen.
Dein Leben hatte ihren Tod umschlossen.
Du selbst hast Dich sterbend
dem lebendigen Gott in die Hand gegeben.
Dein Schrei am Kreuz
war ein Ruf nach dem Leben.

Josef Osterwalder

(AN-)KLAGEPSALM

Gott, siehst du nicht
die Not der Welt?
Siehst du nicht
das Leid und den Tod?
Siehst du nicht
den Hass und
diese verdammte
Ungerechtigkeit?
Sag mal,
bist du blind
auf dem Herzen?

Peter Schott

Ich bin nicht tot,
tausche nur die Räume,
ich leb in euch
und gehe
durch eure Träume.

Michelangelo

GEBET DER SIOUXINDIANER

Großer Geist, dessen Stimme ich in den Winden vernehme
und dessen Atem der ganzen Welt Leben spendet, erhöre mich!
Ich trete vor dein Angesicht als eines deiner vielen Kinder.
Siehe, ich bin klein und schwach;
ich brauche deine Kraft und Weisheit.
Lass mich in deiner Schönheit wandeln und meine Augen
immer den purpurroten Sonnenuntergong schauen,
Mögen meine Hände die Dinge achten, die du geschaffen hast,
und meine Ohren deine Stimme hören!
Mache mich weise, damit ich die Dinge erkennen kann,
die du mein Volk gelehrt hast; die Lehre, die du in jedem Blatt
und jedem Felsen verborgen hast.
Ich sehne mich nach Kraft,
nicht um meinen Brüdern überlegen zu sein,
sondern um meinen größten Feind – mich selbst – bekämpfen zu können.
Mache mich stets bereit, mit reinen und aufrichtigen Augen
zu dir zu kommen, damit mein Geist, wenn das Leben
wie die untergehende Sonne entschwindet,
zu dir gelangen kann, ohne sich schämen zu müssen.

DAS LETZTE HEMD HAT KEINE TASCHEN

Einen riesigen Lautsprecher möchte ich nehmen
und dann rufen:
Hört mir zu, alle Völker!
Hört her, liebe Zeitgenossen!
Hört her, ihr einfachen Leute!
Hört her, ihr Bestimmer!
Hört her, ihr Millionäre!
Hört her, ihr armen Kerle!
Hört alle her, alle, hört ihr? Alle miteinander!
Was ich jetzt sage, ist eine Nachricht von Gott.
Es kommt aus dem Herzen, und jeder kann es verstehen.
Rätsel und Geheimnis zugleich, aber voller Musik
ist meine Botschaft.
Wer sich auf Besitz und Geld verlässt,
der lebt am Leben vorbei.
Gott ist keine Bank, bei der man eine große Summe
für sein Leben hinterlegen könnte.
Das Leben ist unendlich viel mehr wert als jedes Wertpapier.
Das letzte Hemd hat keine Taschen.
Alle Menschen müssen einmal sterben,
und niemand kann etwas mitnehmen.
Der größte Reichtum nutzt nichts.
Mit dem Tod ist das alles vorbei.
Wer das nicht begreift, der ist schon vor dem Tod tot.
Wer aber an Gott glaubt,
einfach so und umsonst,
ohne Hintergedanken und Berechnung,
der hat die Hoffnung,
dass Gott uns aufnimmt nach dem Tod.
Das ist die geheimnisvolle, strahlende Botschaft,
die wie ein Licht in meinem Leben ist.

nach Psalm 49

Psalm 39

BITTRUF ANGESICHTS DER MENSCHLICHEN VERGÄNGLICHKEIT

Ich sagte: Ich will auf meine Wege achten,
damit ich nicht sündige mit meiner Zunge.
Ich lege meinem Mund einen Zaum an, solange der Frevler vor mir steht.
So blieb ich stumm und still;
ich schwieg, vom Glück verlassen, doch mein Schmerz war aufgerührt.
Heiß wurde mir das Herz in der Brust,
bei meinem Grübeln entbrannte ein Feuer; da musste ich reden:
Herr, tu mir mein Ende kund und die Zahl meiner Tage!
Lass mich erkennen, wie sehr ich vergänglich bin!
Du machtest meine Tage nur eine Spanne lang,
meine Lebenszeit ist vor dir wie ein Nichts.
Ein Hauch nur ist jeder Mensch. [Sela]
Nur wie ein Schatten geht der Mensch einher,
um ein Nichts macht er Lärm.
Er rafft zusammen und weiß nicht, wer es einheimst.
Und nun, Herr, worauf soll ich hoffen?
Auf dich allein will ich harren.
Entreiß mich allen, die mir Unrecht tun,
und überlass mich nicht dem Spott der Toren!
Ich bin verstummt, ich tue den Mund nicht mehr auf.
Denn so hast du es gefügt.
Nimm deine Plage weg von mir!
Unter der Wucht deiner Hand vergehe ich.
Du strafst und züchtigst den Mann wegen seiner Schuld,
du zerstörst seine Anmut wie Motten das Kleid,
ein Hauch nur ist jeder Mensch. [Sela]
Hör mein Gebet, Herr, vernimm mein Schreien,
schweig nicht zu meinen Tränen! Denn ich bin nur ein Gast bei dir,
ein Fremdling wie all meine Väter.
Wende dein strafendes Auge ab von mir,
sodass ich heiter blicken kann,
bevor ich dahinfahre und nicht mehr da bin.

SALZPUPPENGESCHICHTE

Eine Puppe aus Salz reiste Tausende von Meilen über Land, bis sie schließlich ans Meer kam. Sie war fasziniert von dieser seltsamen, sich bewegenden Wassermasse, die ganz anders war als alles, was sie bisher gesehen hatte.
»Wer bist du?«, fragte die Salzpuppe das Meer. Lächelnd erwiderte dieses: »Komm herein und sieh selbst.« Also watete die Puppe in die See. Je weiter sie hineinging, desto mehr löste sie sich auf, bis nur noch sehr wenig von ihr übrig war. Ehe der letzte Rest verging, rief die Puppe verwundert: »Nun weiß ich, wer ich bin!«

Anthony de Mello

Für das Sterben hat man die schöne Prägung
»das Zeitliche segnen« gefunden.
Ich wünsche, dass wir auch jetzt auf dem Weg
schon das »Zeitliche segnen« können.

Albrecht Goes

9. TOD & AUFERSTEHUNG

SEGEN

Gott, segne mich, damit ich singen kann,
auch wenn mir das Herz schwer ist,
damit ich sehen kann,
auch wenn Tränen meine Augen verschleiern,
damit ich hören kann,
auch wenn meine Ohren verstopft sind,
damit mein Mund reden kann,
auch wenn mir das Wort im Hals stecken bleibt,
damit ich gehen kann,
auch wenn meine Schritte schleppend werden,
damit ich Gutes tun kann,
auch wenn meine Hände schmerzen.

Gott, segne mich, denn du schaffst Veränderungen,
die ich nicht einmal ahne.
Schweren Herzens kann ich wieder singen,
und mir wird leicht ums Herz.
Meine Tränen trocknen, und meine Augen
sehen deine überraschenden Wunder.
Meine Ohren lauschen,
hoffend hören sie die Stimmen der Andern.
Mein Mund öffnet sich,
er kann dein Lob singen und trösten.
Meine Füße gehen, und die Hände tun,
was der Tag von mir fordert,
wenn du mich segnest.

DIE GEFÄHRTEN

Ein neues Gebot gebe ich euch: Liebt einander!
Wie ich euch geliebt habe,
so sollt auch ihr einander lieben.

Joh 13,34

KOMPASS:

ENTDECKER UND ZEUGEN – HEILIGE ALS FRÜHERE SCHATZSUCHER

Seit Jahrtausenden leben Menschen, die Gott suchen und ihn auch finden. Viele sind heute vergessen, andere Namen stehen bis heute in Büchern und sind Menschen bekannt. Manche nennen sie Heilige, gute Beispiele, Vorbilder. Ob bekannt oder unbekannt: es sind Menschen, die anderen Mut machen, ihren Weg zu gehen. Die sicher auch Fehler gemacht haben und Irrwege gegangen sind. Nobody is perfect. So unterschiedlich ihre Lebensgeschichten auch sind, eines haben sie gemeinsam: das Vertrauen darauf, dass es mehr als dieses Leben gibt, die Hoffnung, dass es Sinnvolleres gibt, als nur dem jeweils aktuellen Zeitgeist zu folgen.

Diese Hoffnung finden sie in Gott. In Gott, der größer ist als alles, was wir uns vorstellen können. Und der sich Menschen auf unterschiedliche Weise, in unterschiedlichen Kulturen, Zeiten und Religionen offenbart.

Für uns ist es gut zu wissen, dass wir nicht allein auf dem Weg sind. Dass andere schon diesen Weg gegangen sind. Oft hatten es Menschen, die heute berühmt sind, alles andere als leicht im Leben.

Manche wurden verfolgt und umgebracht, andere verspottet und verlacht und es gab und gibt die schon zu Lebzeiten Berühmten. Für Gott macht es keinen Unterschied, was, wo und wie ein Mensch lebt. Er lässt sich finden, ob in den Slums von Kalkutta, im Präsidentenjet oder an jedem anderen Ort dieser Welt, so unwichtig oder bedeutend er anderen scheint. Für ihn sind alle wichtig.

10. STILLE

Und siehe, der Herr ging vorüber, und es kam ein gewaltiger Sturm, der die Berge stürzte und die Felsen zerbrach. Aber Gott sprach nicht im Wind.
Nach dem Wind aber kam ein Erdbeben, und es wütete im ganzen Land. Aber Gott sprach nicht im Erdbeben.
Und nach dem Erdbeben kam ein Feuer, das alles von Menschen Gebaute verbrannte, aber Gott sprach nicht im Feuer.
Und nach dem Feuer kam die Stille. Und im Rauschen der Stille, da sprach Gott.

1 Kön 19,11–12
(übersetzt von Martin Buber)

ANHALTEN

Ein Weißer nimmt einen Farbigen in seinem Jeep mit, um mit ihm in ein weit entfernt liegendes Dorf zu fahren. Der Weiße fährt rasant wie der Teufel durch die trockene Savanne, bis der Farbige bittet, anzuhalten, damit er aussteigen könne. Der Farbige setzt sich am Straßenrand nieder. Nichts geschieht, bis der Weiße ihn wieder zum Einsteigen auffordert. »Worauf wartest du noch?«, fragt der Weiße. »Dass meine Seele nachkommen kann«, antwortete der Farbige.

aus Afrika

EINFACH SO

Sprachlos
schweige ich mich
an dich heran,

suche nach Worten,
die das sagen,
was mich bewegt

und entdecke dein Wort
zwischen meinen Zeilen.

Danke, Gott,
für die Stille,
in der wir uns
verstehen …

Peter Schott

KEIN GEBET

Herr, was ist mit
all den anderen Worten,
die ich denke und ausspreche
oder verschweige
und die du hörst?
Die verworrenen Gedanken
die Rachegelüste,
die Gemeinheiten,
die verzweifelten Hoffnungen
und heimlichen Sehnsüchte.
Das unaufhörliche Ichsagen
und Ichdenken
und der Bestechungsversuch
mit ein paar frommen Vokabeln.
Herr, zerbrich mir
die Worte im Munde.
Mach mein Gebet so einfach,
dass es nur der Stille bedarf.

Wolfgang Poeplau

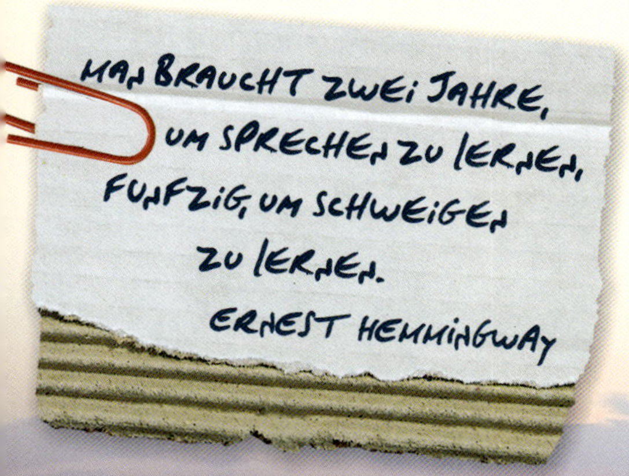

STILLE ALS BEDROHUNG?

»Unmöglich«, sagte ein Redakteur unlängst, als ich ihm vorschlug, Soloaufnahmen des Trompeters Leo Smith in einer meiner Sendungen vorzustellen. Wir stoppten die Tracks. Mittendrin gab es bis zu dreizehn Sekunden Stille. »Sind sie wahnsinnig«, fauchte der Redakteur, »dreizehn Sekunden Pause, da segelt uns doch der Sender ab.« Pause oder Stille, das ist hier die Frage. Früher gab es für Pausen das Pausenzeichen. Heute wird alles dicht aneinandergefahren. Stille als Ausnahmezustand in einer mit Musik akustisch zutapezierten Umwelt. In der Stimme des Redakteurs begann sich Angst zu spiegeln: Bei dreizehn Sekunden Stille könnte sich ein Alarmgerät einschalten. Hörer X könnte die Kaffeetasse aus der Hand fallen; Hörerin Y hätte Anlass, an der Existenz des Senders, ja letztlich an der öffentlich-rechtlichen Ordnung zu zweifeln. Stille als Bedrohung, als unerhörte Provokation. »Wohin«, fragte ich den Redakteur, »soll etwas nachklingen, wenn es keine Stille mehr gibt? Welche Verarmung droht uns, wenn jeder etwas besprechen, aber keiner mehr etwas beschweigen kann?«

Bert Noglik

Die großen Taten der Menschen
sind nicht die, welche lärmen.
Das Große geschieht so schlicht
wie das Rieseln des Wassers,
das Fließen der Luft,
das Wachsen des Getreides.

Adalbert Stifter

PST!

Herr schenke meinem Herz die Ruhe,
deine Stimme zu hören.
Schenke meiner Seele die Flügel,
um sich zu dir aufzuschwingen
Schenke meinem Geist die Klarheit,
dich mit allen Sinnen erfahren zu können.

VERSCHWÖRUNG DES SCHWEIGENS

Herr, ich weiß, dass Schweigen wie Gold sein kann.
Wenn Worte ihre Kraft verlieren, vermag Schweigen vieles auszusagen.

Ich weiß aber auch, dass es eine Verschwörung des Schweigens gibt,
einen bösen Plan, dich durch Verschweigen aus der Welt zu bringen.

Der eine wahrt Schweigen,
weil er stark ist.
Der andere flieht ins Schweigen,
weil er sich fürchtet.
Ein dritter hüllt sich in Schweigen,
um anderen zu gefallen.
Vorgeblich sind sie liebevoll, warm,
in Wahrheit aber kalt.

Lehre mich, Herr,
die Verschwörung des Schweigens zu brechen –
in Ausschüssen und Sitzungen und
wo immer das Recht verletzt wird.

Gib mir Worte aus der Stille,
damit ich die Verschwörung des Schweigens brechen kann.
Gib mir die Kraft deiner Liebe,
damit ich die Wahrheit ausspreche in Liebe.

M. J. Joseph

**Wer nicht zuerst auf Gott hören will,
hat der Welt nichts zu sagen.**

Hans Urs von Balthasar

Hans Urs von Balthasar (1905–1988): Schweizer Theologe, Schriftsteller, Verleger, Übersetzer, Gründer einer geistlichen Gemeinschaft. 1950 trat er aus dem Jesuitenorden aus, weil er nicht für die Aufgaben des von ihm gegründeten Säkularinstitut der Johannesgemeinschaft freigestellt worden war. Durch den Konflikt mit dem damals elitär konservativen Orden wurde er zeitweilig zum theologischen Außenseiter. Im Wahrnehmen des Schönen sah er einen Weg zu Gott. Als radikal gilt seine These, dass die Hölle durchaus »leer sein« könne, da Jesus wirklich alle erlöst habe.

EINKEHR

Es ist schön, Ruhepausen einzulegen
auf einer längeren Fahrt.
Ich suche ein beschauliches Plätzchen,
Lasse mich nieder
strecke meine Glieder aus
und lasse die Seele baumeln.
Ich lasse die Ruhe in mich hinein,
um so gesammelt bald wieder aufzubrechen
dem Ziel entgegen.
Kilometer liegen hinter mir
aber die Aufmerksamkeit gilt dem Weg,
der vor mir liegt,
der auf mich wartet.
Apropos Weg: Täglich gehe ich viele Wege,
ohne zu merken, dass sie mich ändern
in meinem Denken, Fühlen und Sprechen.
Ja, nicht nur an meinen Füßen
hinterlassen sie Spuren,
auch in unserer Sprache sind sie stets gegenwärtig,
die vielen Worte
verbunden mit dem Weg.

GOTT IN DER STILLE FINDEN UND LOBEN

Vater, es gibt Augenblicke, da ist es im Gottesdienst still, ganz still.
In diesen Momenten der Ruhe ist unheimlich viel los.
Auf einmal merke ich: Du hörst mir ja wirklich zu.
Du bist wirklich da.
Vielleicht beten deswegen so viele Menschen auf der ganzen Welt.
Sie kommen zu dir und bringen ihr ganzes Leben mit.
Sie bringen alles, was sie freut und was sie quält, zu dir.
Und viele werden mit ihrer Schuld und Ohnmacht nicht fertig.
Wenn dann Ruhe herrscht vor deinem Altar
und ich tief in mich hineinlausche,
spüre ich, wie groß deine Liebe zu deiner Schöpfung ist.
In dieser Stille liegt eine heimliche Kraft verborgen,
die sich weiterverschenkt und den leeren Akku wieder füllt.
Ich glaube, dass du all das hörst, was wir dir sagen,
und dass du uns deswegen immer wieder
eine kleine Spur von dir zeigst.
Wegen dieser kleinen Spuren glauben dir Menschen
in allen Ländern der Erde
und feiern von Ost nach West, von Süd nach Nord.
Du bist es, der unser Weltall in seinen Händen hält,
die Naturgesetze sind deine Idee. Sie sind Wunder genug.
So lässt du es blühen, wachsen und reifen.
Alles Leben dieser Erde verdankt sich dir.
Du hast die Erde so geschaffen,
dass sie alles Lebensnotwendige schenken kann.
Wir sollten singen und tanzen vor lauter Glück und Dankbarkeit.

nach Psalm 65

Psalm 131

EIN WALLFAHRTSLIED

Herr, mein Herz ist nicht stolz,
nicht hochmütig blicken meine Augen.
Ich gehe nicht um mit Dingen,
die mir zu wunderbar und zu hoch sind.
Ich ließ meine Seele ruhig werden und still;
wie ein kleines Kind bei der Mutter
ist meine Seele still in mir.
Israel, harre auf den Herrn
von nun an bis in Ewigkeit!

GOTT SCHAUEN

Am Ende seines Lebens wurde der alte König schwermütig. Missmutig ließ er seine Berater, Minister, Priester und alle Weisen des Landes rufen. »Ich habe alles, was ein Mensch mit Sinnen erfahren kann, in meinem langen Leben erlebt. Nur Gott habe ich nicht gesehen. Ihn will ich noch sehen. Ich bin ein alter Mann und habe nicht mehr viel Zeit. Ich gebe euch drei Tage Zeit, dass ich Gott ins Angesicht schauen kann. Schafft ihr es nicht, werde ich euch töten lassen.«
Als die drei Tage vorüber waren, ließ er alle wieder vor sich rufen. Seine Berater, Minister, Priester und Weisen blieben jedoch stumm. Gerade als der zornige König ihr Todesurteil verkünden wollte, kam ein Hirte vom Feld. Er hatte vom Befehl des Königs gehört und sprach: »Erlaube mir, großer König, dass ich dir deinen Wunsch erfülle.« »Es geht um deinen Kopf«, antwortete der König, »wenn es dir auch nicht gelingt, wie diesen da, werde ich dich töten lassen.« Der Hirte nickte und führte den König vor das Schloss. Da zeigte der Hirte auf die Sonne, die alles mit ihrem Glanz beschien. »Schau hin, großer König.« Der König wollte in die Sonne blicken, aber ihr Glanz blendete ihn so stark, dass er sich abwendete und seine Augen schloss. »Aber König«, sprach der Hirte, »die Sonne ist doch nur ein kleines Stückchen der Schöpfung Gottes, ein kleiner Abglanz, nur ein Fünkchen seines strahlenden Feuers. Und du willst mit deinen schwachen, tränenden Augen Gott schauen? Geh und suche ihn mit andren Augen!«

nach Leo Tolstoi

SEGEN

GOTT,
sei über uns und segne uns,
sei unter uns und trage uns,
sei neben uns und stärke uns,
sei vor uns und führe uns.

Sei du die Freude, die uns belebt,
die Ruhe, die uns erfüllt,
das Vertrauen, das uns stärkt,
die Liebe, die uns begeistert,
der Mut, der uns beflügelt.

11. FREUNDE

Seid gewiss: Ich bin bei euch alle Tage bis zum Ende der Welt.

Mt 28,20b

ZWEI LANDSTREICHER

Zwei Landstreicher waren mit ihrem Hund unterwegs, schon seit Jahren. Wie das so gehen kann: Auch die beste Freundschaft kann Risse bekommen, ja, sogar in die Brüche gehen. So geschah es. Bei der Trennung einigte man sich: Der Hund sollte mit dem einen der beiden laufen. So geschah es. Der eine ging ohne Hund nach Westen, der andere mit Hund nach Osten. – Nach Sonnenuntergang verschwand jedoch der Hund bei dem einen und lief wieder zu dem andern. Mit diesem wanderte er am nächsten Morgen weiter nach Westen. Der Ostler entfernte sich ostwärts. Zu seiner Überraschung kam der Hund nach Mitternacht wieder zu ihm und leckte ihm das Gesicht.
So geschah das noch an zwei weiteren Tagen. Da aber dachten beide gleichzeitig, dass die Strecke für den Hund immer größer werden würde. Sie entschlossen sich gleichzeitig, dem Hund die Strecke zu verkürzen, indem sie nicht weiter auseinander, sondern wieder aufeinander zugingen.
So wurde der Weg für den Hund jeden Abend kürzer, bis die beiden, wieder vereint, mit ihrem treuen Begleiter gemeinsam wortlos nach Süden weiterzogen.

Knut Wenzel Backe

Es ist ganz natürlich, dass wir Leute um uns versammeln, deren Verhaltensweisen und Neigungen mit den unseren übereinstimmen.

Mark Twain

IN GOTTES HAND

Gott,
ich suche eine Hand,
die mich hält und ermutigt,
die mich beruhigt und beschützt.

Ich taste nach einer Hand,
die mich begleitet und führt,
die mich heilt und mich rettet.

Ich brauche eine Hand,
die stark ist und mich trägt,
die mich ergreift,
nicht mehr loslässt.

Ich möchte eine Hand,
die es gut mit mir meint,
die sich zärtlich um mich legt.
Ich sehne mich nach einer Hand,
der ich mich restlos anvertrauen kann,
die treu ist, die mich liebt.

Ich suche eine große Hand,
in die ich meine kleinen Hände
und auch mein Herz hineinlegen kann,
eine Hand,
in der ich geborgen bin – ganz.

Gott,
deine Hand lädt mich ein:
Komm!
Deine Hand lässt mich spüren:
Fürchte dich nicht!

Deine Hand schenkt die Gewissheit:
Ich liebe dich.
In deiner Hand bin ich
geborgen und aufgehoben
für immer.

Und wenn ich dennoch
in einen Abgrund stürze –
ich weiß:
Am Grund dieses Abgrundes
wartet auf mich
deine Hand,
deine gütige, alles bergende Hand.
Deiner liebenden Hand kann mich
niemand entreißen,
Gott.

In deine Hand - lege ich alles.
Deine Hand - lässt mich nicht mehr los.
Danke, du gute und zärtliche Hand, danke.

DAS BROT

Wie jeden Tag um sieben stand er an
nach Brötchen, dieser unscheinbare Mann.
Doch diesmal fragt der Bäcker: »Was ist mit ihnen los?
Sie sehn so elend aus! Was hab'n sie bloß?«

»Mein Baby sagt seit gestern keinen Ton.
Ganz blau liegt's auf der Intensivstation.
Die Ärzte sind noch ratlos. Meine Angst ist riesengroß.
Vier Brötchen bitte! Ich muss wieder los.«

»Warten sie!«, sagte der Bäcker und nahm ein Brot.
»Essen sie mit mir ein Stück!
Ich denke an sie, an ihr Kind und ich bitte Gott:
Gib das Kind heil zurück!«

So standen die zwei Männer kauend da,
einander fremd bisher und jetzt so nah.
Sie dachten an das Kindchen, das da kämpfte mit dem Tod
und teilten Angst und Hoffnung mit dem Brot.

Als eine Frau den Laden dann betrat,
gab ihr der Bäcker von dem Brot und bat:
»Sein Kind liegt in der Klinik! Essen sie mit uns das Brot.
Er soll jetzt nicht allein sein in der Not.«

Und auch die Frau aß und nickte dem Fremden zu.
Still wars. Doch jeder verstand,
wie dieses Brot ihnen Trost gab und sie
miteinander verband.

Gerhard Schöne

Zu unserer Befreiung genügt,
dass man uns dazu verhilft, ein Ziel zu erkennen,
das uns mit anderen Menschen verbindet.

Antoine de Saint-Exupéry

Es ist nicht unsere tiefe Angst,
dass wir unzulänglich sind.

Unsere tiefe Angst ist die,
das wir grenzenlos stark sind.

Es ist unser Licht
und nicht unsere Finsternis,
das uns Angst macht.

Wir fragen uns: »Bin ich strahlend,
hinreißend, talentiert, sagenhaft?«

Wer bist du, dass du nicht so bist?
Du bist ein Kind Gottes!

Dein Spiel, dich klein zu machen, hilft der Welt nicht.
Wir sind auf die Welt gekommen,
um die Herrlichkeit Gottes,
die in uns ist, zu manifestieren.
Sie ist nicht nur in jedem einzelnen von uns.
Sie ist in jedem!

Und indem wir unser eigenes Licht scheinen lassen,
geben wir anderen Menschen unbewusst
die Erlaubnis, dasselbe zu tun.

Nelson Mandela

Nelson Mandela (*1918 Qunu, Südafrika): Rechtsanwalt, Politiker; setzte sich gegen die Apartheid in Südafrika ein und war über 30 Jahre seines Lebens als politischer Gefangener inhaftiert. Gemeinsam mit dem weißen Politiker Frederik de Klerk beendete er die Politik der Rassentrennung und war nach freien Wahlen von 1994 bis 1999 erster schwarzer Präsident der Republik Südafrika.

DEIN ENGEL SEIN

Manchmal möchte ich dein Engel sein:
Ich möchte dich stärken,
wenn du schwach bist,
dich tragen, wenn du dich
auf unsicherem Boden bewegst,
und hinter dir stehen,
damit dir niemand in den Rücken fällt.

Ich möchte dich trösten,
behutsam und sacht,
und aufmerksam sein
auf jedes Wort deiner Klage.

Auf dem Weg der Wandlung von der Trauer
hin zum zarten Aufkeimen neuer Hoffnung
würde ich dich gerne begleiten.

Manchmal möchte ich dein Engel sein
und dir das Tor öffnen zu einer Welt,
reich an Freude und Frieden.

Doch
ich glaube an Engel

ich kann dir sogar
fünf oder sechs zeigen

Flügel
haben sie allerdings keine

Andrea Schwarz

WOHL DENEN, DIE ANDEREN MUT MACHEN

Wohl dem, der sich nicht von denen beschwatzen lässt,
die Gott einen guten Mann sein lassen,
    die machen, was sie wollen
    und nur Gelächter für Menschen übrig haben,
    die nicht so erfolgreich und selbstgefällig sind wie sie.
Wohl der, die merkt, dass das Gesetz Gottes keine Last ist,
die das Leben sauer macht, sondern Freiheit und Glück
für die gesamte Schöpfung bedeutet.
    Sie sind stark und machen anderen Mut,
    weil sie ihre Kraft direkt von dir, Gott, bekommen.
Sie tun das, was zu machen ist,
zur richtigen Zeit, am richtigen Ort mit den richtigen Mitteln.
    Ganz anders als die aufgeblasenen selbstgerechten Egoisten,
    die immer nur Ausreden finden,
    um bloß nicht Verantwortung
    für deine Schöpfung zu übernehmen.
Sie haben mit ihrem Geprotze scheinbar Erfolg,
doch vor dir können sie sich,
wenn es darauf ankommt, nicht verstecken.
    Gott sieht in die Herzen,
    nicht auf die Kontostände.
    Er bleibt mit denen auf dem Weg,
    die Gerechtigkeit suchen,
die nur sich selbst im Sinn haben,
    werden vergessen und vergehen.

nach Psalm 1

Psalm 23

EIN PSALM DAVIDS

Der Herr ist mein Hirte, nichts wird mir fehlen.
Er lässt mich lagern auf grünen Auen
und führt mich zum Ruheplatz am Wasser.
    Er stillt mein Verlangen;
    er leitet mich auf rechten Pfaden,
    treu seinem Namen.
Muss ich auch wandern in finsterer Schlucht,
ich fürchte kein Unheil;
denn du bist bei mir, dein Stock
und dein Stab geben mir Zuversicht.
    Du deckst mir den Tisch
    vor den Augen meiner Feinde.
    Du salbst mein Haupt mit Öl,
    du füllst mir reichlich den Becher.
Lauter Güte und Huld werden mir folgen mein Leben lang
und im Haus des Herrn darf ich wohnen für lange Zeit.

ZWEI BRÜDER

Vor langer Zeit lebten auf dem Berg Morija zwei Brüder. Der jüngere hatte Frau und Kinder, der ältere war unverheiratet und lebte allein. Gemeinsam pflügten sie ihre Felder und säten. Als es zur Ernte kam, teilten sie brüderlich das Korn in zwei gleich große Hälften.
Am Abend konnte der Ältere nicht einschlafen und dachte: »Mein Bruder hat genauso viel Korn wie ich. Das ist doch nicht gerecht. Schließlich hat er Frau und Kinder und ich muss nur für mich selbst sorgen.« Also stand er auf, lief zu seiner Scheune und füllte eine riesigen Sack mit Korn und trug in heimlich in die Scheune seines Bruders. Er ging zurück in sein Haus und schlief zufrieden ein.
In derselben Stunde erwachte sein Bruder und sagte zu sich: »Mein Bruder hat genauso viel Korn wie ich. Das ist doch nicht gerecht. Schließlich habe ich Frau und Kinder, die sich schon um mich sorgen werden, wenn ich alt bin. Doch mein Bruder hat niemanden.« Und so schlich er in seine Scheune, füllte einen riesigen Sack mit Korn und schleppte ihn in die Scheune seines Bruders.
Als es Tag wurde und die Brüder in ihre Scheunen sahen, staunten sie. Der Haufen war noch genauso groß wie vorher. Und in der nächsten Nacht passierte das gleiche. Beide standen auf und füllten heimlich Korn in die Scheune des Bruders. In der dritten Nacht standen sie wieder auf, füllten ihre Säcke und marschierten zur Scheune des Bruders. Auf halbem Wege trafen sie sich. Da ließen sie die Säcke fallen und umarmten sich. Gott, der alles sieht, schaute vom Himmel herab und sprach: »Dieser Ort ist heilig. Hier will ich unter den Menschen wohnen.«

nach Nicolai Erdelyi

SEGEN

Aus deinen Augen strahle das Licht
wie von Kerzen in den Fenstern deines Hauses,
das den Fremden Schutz gewährt.

Wen du auch triffst auf deiner Reise,
dein freundlicher Blick möge ihn berühren.

Irischer Segenswunsch

Ich bin das Licht der Welt. Wer mir nachfolgt, wird nicht in der Finsternis umhergehen, sondern wird das Licht des Lebens haben.

Joh 8,12b

12. DU

VORSEHUNG IN RETTUNGSBOOTEN

Ein Priester saß an seinem Schreibtisch am Fenster und bereitete eine Predigt über die Vorsehung vor, als er plötzlich eine Explosion zu hören glaubte. Bald sah er auch Menschen in Panik hin und her laufen und erfuhr, dass ein Damm gebrochen war, der Fluss Hochwasser führte, und die Bevölkerung evakuiert wurde.
Der Priester sah, wie das Wasser auf der Straße stieg. Es fiel ihm schwer, aufsteigende Panik zu unterdrücken, aber er sagte sich: »Ausgerechnet jetzt arbeite ich an einer Predigt über die Vorsehung, da erhalte ich Gelegenheit zu praktizieren, was ich predige. Ich werde nicht fliehen. Ich werde hier bleiben und auf Gottes Vorsehung, mich zu retten, vertrauen.«
Als das Wasser bis zu seinem Fenster stand, fuhr ein Boot vorbei, und die Menschen darin riefen ihm zu: »Steigen Sie ein, Herr Pfarrer.« – »Oh, nein, Kinder«, sagte der Priester zuversichtlich, »ich vertraue auf die Vorsehung. Gott wird mich retten.«
Er kletterte jedoch auf das Dach, und als das Wasser auch bis dorthin stieg, kam ein weiteres Boot voller Menschen vorbei, und sie drängten den Pfarrer einzusteigen. Wiederum lehnte er ab.
Dieses Mal stieg er bis in die Glockenstube. Als ihm das Wasser bis zu den Knien reichte, schickte man einen Polizeioffizier mit einem Motorboot, um ihn zu retten. »Nein, danke, Herr Offizier«, sagte der Priester ruhig lächelnd. »Sehen Sie, ich vertraue auf Gott. Er wird mich nicht im Stich lassen.«
Als der Pfarrer ertrunken und zum Himmel aufgestiegen war, beklagte er sich sofort bei Gott. »Ich habe dir vertraut! Warum tatest du nichts, um mich zu retten?« – »Nun ja«, erwiderte Gott, »immerhin habe ich drei Boote geschickt.«

Anthony de Mello

Gott, unser Vater,
nicht immer sehen wir das Ziel klar vor Augen.
Wir folgen den Spuren, die wir sehen.
Die Spuren zeigen uns aber auch:
Wir sind nicht allein, du gehst mit,
auch wenn wir dich nicht sehen.
Wir treffen uns und teilen den Weg,
den Weg, den wir gemeinsam neu entdecken.
Und oft erkennen wir erst im Nachhinein,
dass du es warst, der mit uns ging,
der für uns das Brot zum Leben bereithielt.
So bitten wir dich: Führe uns Wege,
die zu dem Ziel führen, das du selber bist.
Amen.

Gott wird nicht größer, wenn du ihn verehrst;
aber du wirst größer und glücklicher wenn du ihm dienst!

Augustinus

Augustinus (354–430): einer der größten Theologen der Kirchengeschichte. Gehörte einer Straßenbande an, studierte, war Professor, Vater eines uneheliches Kindes, bekehrte sich zum Christentum, wurde Priester und Bischof. Eine Legende erzählt, wie Augustinus am Meer einen kleinen Jungen sieht, der mit einem Löffel Wasser in eine Sandgrube gießt. Als er ihn fragt, warum er das denn mache, antwortet das Kind: »Ich mache dasselbe wie du! Du willst die Unergründlichkeit Gottes mit deinen Gedanken ausschöpfen und ich versuche, das Meer auszuschöpfen!«

GOTTES NAME – JAHWE –- ICH BIN DA!

Ich bin da, wenn du allein bist.
Ich bin da, wenn du dich betroffen fühlst.
Ich bin da, wenn sie dich ausstoßen.
Ich bin da, wenn du meinst, es geht nicht mehr weiter.
Ich bin da, wenn du verzweifelt und traurig bist.
Ich bin da, wenn du Angst und Furcht hast.
Ich bin da, wenn alle dich nicht mögen.
Ich bin da, wenn zwischen dir und deinem Freund ein Mauer ist.
Ich bin da, wenn du vor Sorgen nicht schlafen kannst.
Ich bin da, wenn einer dir was zuleide tut.
Ich bin da, wenn du in großer Gefahr bist.
Ich bin da, wenn du krank bist und Hilfe brauchst.
Ich bin da, wenn du mit deinem Kummer nicht fertig wirst.
Ich bin da, wenn für dich die Welt zerbricht.
Ich bin da, wenn du ein wenig mehr Liebe brauchst.
Ich bin da, wenn du große Schmerzen hast.
Ich bin da, wenn keiner dir zuhört.
Ich bin da, wenn du dich vor Erschöpfung nicht mehr halten kannst.
Ich bin da, wenn du ein schlechtes Gewissen hast.
Ich bin da, wenn du mich rufst.
Ich bin da, wenn du heimkehrst zu mir.
Ich bin da, wie eine Flamme, die nie verlöscht.
Ich bin da, wie eine schöne Blume, die dein Herz erfreut.
Ich bin da, wie eine Wolke, die dich mit Liebe umhüllt.
Ich bin da, wie ein Auge, das mit Liebe auf dich schaut.
Ich bin da, wie eine Hand, die vorsorglich deine Hand ergreift.
Ich bin da, wie ein Herz, das immer für dich schlägt.
Ich bin da, wie ein Engel, der dich schützt und leitet.
Ich bin da, wie ein Freund, der dich niemals im Stich lässt.
Ich bin da, wie eine Schwester, die mit dir die Sorgen teilt.
Ich bin da, wie ein Bruder, der zu dir steht im Leid und in der Freude.
Ich bin da, wie eine Mutter, die mit dir fühlt, dich ganz versteht.
Ich bin da, als dein Vater, der ewige Geborgenheit gibt.
Ich bin immer für dich da, ich, dein unendlich liebender Gott.

WEG. WAHRHEIT. LEBEN.

Ich bin der Weg
Nicht wie die großen Chausseen
Auf denen die Masse stolziert
Verlaufe ich unscheinbar am Rande

Nicht planen kann man mich
Nicht bauen kann man mich
Nur finden

Ich bin der Weg
Ich mache keinen Bogen um die Wahrheit
Im Gegenteil
Ich bin gekommen, um nachhause zu führen
Den Verlorenen
Zu trösten – den Hoffnungslosen
Dich

Ich bin der Weg
Suche mich an keiner Kreuzung
Denn ich durchkreuze alle Wege
Auch die Frommen
Wer mich finden will
Muss seinen Weg verlieren
Und vordrängeln nützt gar nichts
Denn die, die ganz hinten stehen
Finden mich zuerst
Ich beginne mit Umkehr

Ich bin die Wahrheit, der einzige Weg
Wer die Wahrheit nicht scheut
Wird das Leben entdecken
Leben, darum geht es
Die Wahrheit ist der Weg zum Leben

Ich bin der Weg
Ich bin die Wahrheit
Ich bin das Leben
Jesus Christus

Clemens Bittlinger

**Was mich an Jesus
immer tief beeindruckt hat,
ist seine Weisung,
immer voranzugehen.
So könnte man fast sagen,
das bleibende Element
am Christentum
sei der Auftrag,
niemals stehen zubleiben.**

Henri Bergson

GOTT SEI DANK

Meine Mutter sagt:
Du bist zu klein.

Der Lehrer meint:
Du bist schwer von Begriff.

Der Pfarrer schimpft:
Du bist verdorben.

Meine Kameraden lachen:
Du hast verloren.

Der Berufsberater weiß:
Du bist nicht geeignet.

Der Meister bestimmt:
Der andere ist besser.

Der Leutnant brüllt:
Du hast keine Haltung.

Gott sagt:
Du bist mir ähnlich.

Gott sei Dank!

> Gott ist uns näher
> als wir uns selber sind.
>
> Augustinus

GLAUBENSBEKENNTNIS

Ich glaube
an dich.

Du glaubst
an mich.

Ich glaube.
Das genügt.

Peter Schott

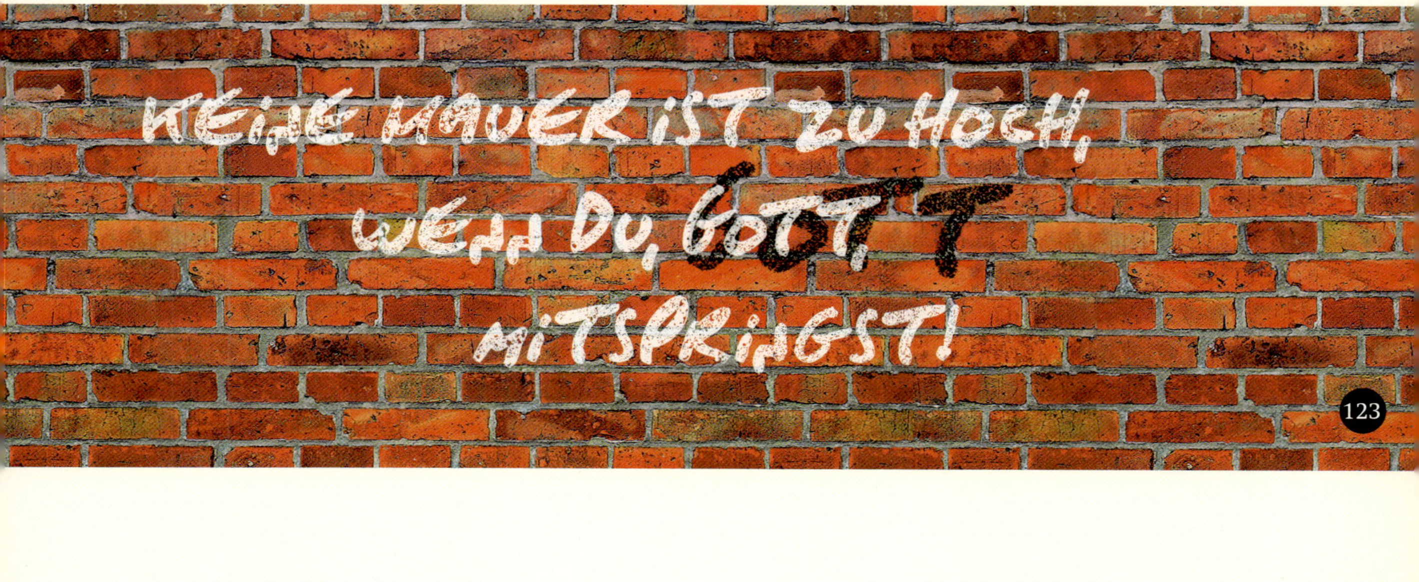

FARBE INS SPIEL!

Vater, du kennst unser Leben.. Du weißt, wie viel Eintönigkeit und Alltagsgrau es da gibt. Wir bitten dich um die Farben des Lebens, damit unser Leben mit dir und den Menschen gelingen kann.

Schenke uns Augen für das **Gelb** des Lichtes, für das Gelb der strahlenden Sonne. Damit die Dunkelheiten erhellt werden, die sich um uns und in unserer Welt breit machen.
Lass uns das **Orange** der Wärme fühlen. Damit alles Unterkühlte, als Kalte und Hartherzige zum schmelzen gebracht wird.
Vater, schenke uns vom **Grün** des Lebens, damit all das lebendig wird, was welk und tot zu sein scheint. Gib uns vom Grün der Hoffnung, gegen alles, was lähmt und mutlos macht, damit wir hoffen können, auch wenn alles dagegen spricht.
Lass uns das glühende **Rot** deiner Liebe erfahren, dass wir feurig leben, andere anstecken und begeistern. Damit wir Feuer und Flamme sind für dich und deine Schöpfung.
Tauche uns in das **Blau** des Himmels und der Erde, in das Königsblau des Glaubens und der Treue, um fest unsere Lebensentscheidungen zu leben.
Schenk auch einen Klecks vom **Violett** der Buße und lass uns Wege finden, die zur Umkehr und zum Neuanfang führen.
Und Vater, gib uns auch vom **Schwarz** der Nacht und des Todes, damit wir uns einstimmen auf all die Abschiede, die zu unserem Leben gehören bis zum Schluss.
Auch um das **Weiß** des Unberührten und des Neuen bitten wir dich. Damit wir offen sind für dich und für das, was du mit uns beginnen willst.
Vom **Braun** der Erde bitte auch eine Handvoll, damit wir bodenständig, erdverbunden und ausdauernd sind und im Glauben an dich unsere Wurzeln Wasseradern finden.
Schenke uns ganz zum Schluss ein wenig vom leuchtenden **Gold** der Sterne, vom glänzenden Gold der Ewigkeit und lass uns in allem, was kostbar ist, dich erkennen und verehren.

Vater, schenke uns Sinne für alle Farben, damit unser Leben bunt und schön wird. Zeige uns ab und zu einen farbenprächtigen Regenbogen, damit wir wissen: Du bist da. Du Meistermaler der Schöpfung, bringe Farbe in unser Leben heute und in Ewigkeit. Amen.

GOTT IN DER SCHÖPFUNG UND DER GESCHICHTE

Halleluja! Lobt den HERRN! Und denkt dran: Es darf Spaß machen,
Gott zu loben der Freude in unser Leben bringt.
Wo Krieg und Zerstörung wütete, bringst du neues Leben.
Frustrierten und Verzweifelten machst du wieder Mut.
Du kennst die Galaxien und Sterne alle mit Namen,
nichts und niemand auf der Welt kann sich vor dir verkriechen.
Auch wenn wir dich nicht begreifen können, weil du unvergleichbar bist,
ahnen wir doch, dass ohne dich nichts wäre.
Singt mit und stimmt eure Gitarren,
wir wollen Gott ein Loblied schmettern,
dass der Rhythmus allen in die Glieder fährt.
Gott ist es, der diese Welt geschaffen hat,
dass Regen und Wind, Sonne und Tau es wachsen lassen.
Gott ist es, der mit Tag und Nacht Aktivität und Ruhe schenkt.
Gott ist es, der uns den Frieden ans Herz legt,
damit wir die Welt verändern können.
Gott ist es, dessen Wort um die Erde läuft.
Das Wort, das allem Streit und Hass ein Ende machen will.
Gott ist es, der alle in seiner Hand hält,
unabhängig von Geschlecht, Hautfarbe, Religion und Reichtum.
Gott steht zu seinem Volk,
das seine Schöpfung selber ist. Halleluja

nach Psalm 147

Psalm 27

VON DAVID

Der Herr ist mein Licht und mein Heil:
Vor wem sollte ich mich fürchten?
Der Herr ist die Kraft meines Lebens:
Vor wem sollte mir bangen?
Dringen Frevler auf mich ein,
um mich zu verschlingen,
meine Bedränger und Feinde,
sie müssen straucheln und fallen.
Mag ein Heer mich belagern:
Mein Herz wird nicht verzagen.
Mag Krieg gegen mich toben:
Ich bleibe dennoch voll Zuversicht.
Nur eines erbitte ich vom Herrn,
danach verlangt mich:
Im Haus des Herrn zu wohnen
alle Tage meines Lebens,
die Freundlichkeit des Herrn zu schauen
und nachzusinnen in seinem Tempel.
Denn er birgt mich in seinem Haus
am Tag des Unheils;
er beschirmt mich im Schutz seines Zeltes,
er hebt mich auf einen Felsen empor.
Nun kann ich mein Haupt erheben
über die Feinde, die mich umringen.
Ich will Opfer darbringen in seinem Zelt, Opfer mit Jubel;
dem Herrn will ich singen und spielen.
Vernimm, o Herr, mein lautes Rufen;
sei mir gnädig und erhöre mich!

EIN RAUM VOLL LICHT

Ein König hatte zwei Söhne. Als er alt wurde, wollte er einen von beiden zu seinem Nachfolger bestellen. Er gab jedem der beiden Söhne fünf Silberstücke und sagte: »Geht mit diesem Geld und füllt die Halle unseres Schlosses. Womit, das ist eure Sache!«

Der ältere Sohn sah auf einem Feld ausgedroschenes Stroh liegen, gab den Bauern seine Münzen und ließ die Halle mit dem Stroh füllen. Am Abend kam der jüngere Sohn und ließ all das Stroh wieder aus der Halle entfernen. Dann stellte er mitten in den Raum eine Kerze und zündete sie an. Ihr Lichtschein füllte den Raum bis in den letzten Winkel. Da sagte der Vater: »Du sollst mein Nachfolger sein. Dein Bruder hat fünf Silberstücke ausgegeben, um die Halle mit nutzlosem Zeug zu füllen. Du aber hast sie mit Licht gefüllt, mit dem, was die Menschen brauchen.«

SEGEN

Der Herr sei vor dir,
um dir den rechten Weg zu zeigen.
Der Herr sei neben dir,
um dich in die Arme zu nehmen und dich zu schützen
Der Herr sei hinter dir,
um dich zu bewahren vor der Heimtücke böser Menschen.
Der Herr sei unter dir,
um dich zu trösten, wenn du traurig bist.
Der Herr sei um dich herum,
um dich zu verteidigen, wenn andere über dich herfallen.
Der Herr sei über dir,
um dich zu segnen.
So segne dich der gütige Gott,
der Vater, der Sohn und der heilige Geist

Irischer Segenswunsch

Quellennachweis

S. 18: Uwe Seidel, Glaubensbekenntnis, aus: Schalom, 1983, © tvd-Verlag, Düsseldorf
S. 19: Versteckspiel, © Peter Schott
S. 22: Antje Sabine Naegeli, Es wachse in dir der Mut, aus: Dies., Ich spanne die Flügel des Vertrauens aus. Eine Wegbegleitung, © 2002 Verlag am Eschbach der Schwabenverlag AG, Eschbach / Markgräferland
S. 24: Anthony de Mello, Die Waldkirche, aus: ders., Warum der Schäfer jedes Wetter liebt, HERDER spektrum Bd. 5660, S. 33, Aus dem Englischen von Ursula Schottelius, © Verlag Herder, Freiburg im Breisgau, 2. Auflage 2006
Dank für die Erde, aus: Gebete aus den jungen Kirchen, © missio aktuell-Verlag, 1981
S. 26: Großer Gott ..., aus: Adalbert Ludwig Balling, Unseren täglichen Reis gib uns heute, Herderbücherei Bd. 1119, S. 47, © Verlag Herder, Freiburg im Breisgau, 2005
S. 29: Diethard Zils, Ein Hoffnungslied, aus: Schalom, 1983, © tvd-Verlag, Düsseldorf
S. 34: Johnson Gnanabaranam, Schaffe mir ein neues Herz, aus: Mein Jesus mache mich neu, © Erlanger Verlag für Mission und Ökumene, Neuendettelsau
S. 35: Wolfgang Poeplau, Zeitungsgebet, aus: Ich habe mit dir zu reden, S. 106, © Christophorus im Verlag Herder, Freiburg im Breisgau, 1989
S. 65: Lindolfo Weingärtner, Gebet wider den Geist der Zeit, aus: Netz der Hoffnung, © Erlanger Verlag für Mission und Ökumene, Neuendettelsau
S. 66: Nimm meine Zeit in deine Hände, aus: Gebete aus den jungen Kirchen, © missio aktuell-Verlag, 1981
S. 69: Anthony de Mello, Ein Gleichnis über das moderne Leben, aus: ders., Warum der Vogel singt, HERDER spektrum Bd. 5661, S.101, Aus dem Englischen von Ursula Schottelius, © Verlag Herder, Freiburg im Breisgau, 2005
Antje Sabine Naegeli, aus: dies., Du hast mein Dunkel geteilt, S. 110f., © Verlag Herder, Freiburg im Breisgau, 5. Auflage 2006
S. 74: Anthony de Mello, Der Prüfstein, aus: ders., Wer bringt das Pferd zum Fliegen?, HERDER spektrum Bd. 5662, S.118, Aus dem Englischen von Ursula Schottelius, © Verlag Herder, Freiburg im Breisgau, 2005
S. 76: Dorothee Sölle, Credo (Auszug), aus: Dorothee Sölle, Meditationen & Gebrauchstexte, Gedichte. © Wolfgang Fietkau Verlag, Kleinmachnow
S. 77: Lieber Gott ..., aus: : Adalbert Ludwig Balling, Unseren täglichen Reis gib uns heute, Herderbücherei Bd. 1119, S. 70, © Verlag Herder, Freiburg im Breisgau, 2005
S. 86: Dietrich Bonhoeffer, Gott, zu dir rufe ich, aus: Widerstand und Ergebung, © by Gütersloher Verlagshaus, Gütersloh, in der Verlagsgruppe Random House GmbH, München
S. 89: Die blaue Ampel, © Gerhard Schöne
S. 91: Am Ende meiner Tage, © Antje Sabine Naegeli
S. 92: Den Tod verstehen wollen, aus: Josef Osterwalder, Beten, wie mir zumute ist. Klage, Freude, Stille, Trauer, Dank. © Matthias-Grünewald-Verlag Mainz, 3. Auflage 1984.
S. 93: (An-)Klagepsalm, © Peter Schott
S. 96: Anthony de Mello, Salzpuppengeschichte, aus: ders., Warum der Vogel singt, HERDER spektrum Bd. 5661, S.75, Aus dem Englischen von Ursula Schottelius, © Verlag Herder, Freiburg im Breisgau, 2005
S. 101: 1 Könige 19,11-12 in der Übersetzung von Martin Buber, aus: Die Schrift, © by Gütersloher Verlagshaus, Gütersloh, in der Verlagsgruppe Random House GmbH, München
S. 102: Wolfgang Poeplau, Kein Gebet, aus: Ich habe mit dir zu reden, S. 112, © Christophorus im Verlag Herder, Freiburg im Breisgau, 1989
Einfach so, © Peter Schott
S. 103: Stille als Bedrohung?, © Bert Noglik
S. 104: M. J. Joseph, Verschwörung des Schweigens, aus: Geben und empfangen, © Erlanger Verlag für Mission und Ökumene, Neuendettelsau
S. 110: Zwei Landstreicher, © Knut Wenzel Backe
S. 112: Das Brot, © Gerhard Schöne
Zu unserer Befreiung ..., aus: Antoine de Saint-Exupéry, Wind. Sand und Sterne, © 1939 und 1999 Karl Rauch Verlag, Düsseldorf
S. 114: Andrea Schwarz, Doch, aus: dies., Bunter Faden Zärtlichkeit, S. 52, © Verlag Herder, Freiburg im Breisgau, 2006
S. 119: Anthony de Mello, Vorsehung in Rettungsbooten, aus: ders., Warum der Schäfer jedes Wetter liebt, HERDER spektrum Bd. 5660, S.90, Aus dem Englischen von Ursula Schottelius, © Verlag Herder, Freiburg im Breisgau, 2. Auflage 2006
S. 122: Clemens Bittlinger, Weg. Wahrheit. Leben, aus: »Ich bin. Worte Jesu«, © Sanna Sound Musikversand
S. 123: Glaubensbekenntnis, © Peter Schott

Alle weiteren Bibelzitate: Einheitsübersetzung der Heiligen Schrift, © 1980 Katholische Bibelanstalt, Stuttgart

Alle anderen Texte wurden vom Herausgeber verfasst oder bearbeitet.

Fotonachweis

Cover: picture-alliance / KNA-Bild
S. 15, 37: © KNA-Bild
S. 26, 39, 76, 82, 104: picture-alliance / dp
S. 35: epd
S. 51: Bernhard Moosbrugger, Zürich
S. 74: © Verlag Herder, Freiburg im Breisg
S. 86: © by Gütersloher Verlagshaus, Güte
S. 65, 77: picture-alliance / akg-images

Wir haben uns bemüht, alle Inhaber von T
rechten in Erfahrung zu bringen. Für zusät
sind wir dankbar.